EX LIBRIS

迷悟之间

奋起中寮

迷悟之间

星云大师

成功之道

中华书局

图书在版编目(CIP)数据

勇气:成功之道/星云大师著.—北京:中华书局,2014.11
(2015.6 重印)
(迷悟之间)
ISBN 978 - 7 - 101 - 10240 - 6

Ⅰ.勇…　Ⅱ.星…　Ⅲ.佛教 - 人生哲学 - 通俗读物
Ⅳ. B948 - 49

中国版本图书馆 CIP 数据核字(2014)第 141883 号

本书由上海大觉文化传播有限公司独家授权出版中文简体字版

书　　名　勇气:成功之道
著　　者　星云大师
丛 书 名　迷悟之间
责任编辑　焦雅君
出版发行　中华书局
　　　　　(北京市丰台区太平桥西里 38 号　100073)
　　　　　http://www.zhbc.com.cn
　　　　　E-mail:zhbc@zhbc.com.cn
印　　刷　北京瑞古冠中印刷厂
版　　次　2014 年 11 月北京第 1 版
　　　　　2015 年 6 月北京第 2 次印刷
规　　格　开本/889×1194 毫米　1/32
　　　　　印张7⅛　插页8　字数80 千字
印　　数　6001 - 9000 册
国际书号　ISBN 978 - 7 - 101 - 10240 - 6
定　　价　35.00 元

迷悟一念之间

从二〇〇〇年四月一日开始，我每日提供一篇"迷悟之间"的短文给《人间福报》，写了近四年，共一一二四篇。于二〇〇四年七月结集编成十二本书，由台湾的香海文化出版。

此套书截至目前发行量已近两百万册。曾持续被《亚洲周刊》、金石堂、诚品等书局列入畅销书排行榜，三十一位高中校长联合推荐，以及许多读书会以此书作为研读讨论的教材，不少学生也因看了《迷悟之间》而提升了写作能力等等。

由于此套书具有人间性和普遍性，深受海内外人士的喜爱，除了中文版，其他国家语言的版本有：英文、西班牙文、韩文、日文……全球各种译本的发行量突破了五十万册。尤其难得的是，大陆"百年老店"中华书局也要在二〇一〇年五月出版中文简体版，乐见此套书能在大陆发行。

曾有几位作家疑惑地问我："每日一篇的专栏，要持续三四年，实非易事！你又云水行脚，法务倥偬，是怎么做到的呢？"

回顾这些年写《迷悟之间》的情形，确实，我一年到头在四处弘法，极少有完整的、特定的写作时间。有时利用会议或活动前的少许空当，完成一两篇；有时在跑香、行进间，思绪随着脚步不停地流动；长途旅行时，飞机舱、车厢里，更常是我思考、写作的好场所。

　　每天见报，是一种不可推卸的责任；读者的期待，则是不忍辜负的使命。虽然不见得如陆机的《文赋》所言："思风发于胸臆，言泉流于唇齿"，但因平时养成读书、思考的习惯，加上心中恒存对国家社会、宇宙人生、自然生命、生活现象、人事问题等等的留意与关怀，所以，写这些文章并不是太困难的事。倒是篇数写多了，想"题目"成了最让我费心的！因此，每当集会、闲谈时，我就请弟子们或学生们脑力激荡，提出各种题目。只要题目有了，我稍作思考，往往只要三五分钟，顶多二十分钟，就能完成一篇或讲理述事、或谈事论理的文章。

　　犹记当初为此专栏定名时，第一个想到的名称是"正邪之间"，继而一想，"正邪"二字，无论是文字或意涵，都嫌极端与偏颇，实在不符合佛教的中道精神，遂改为"迷悟之间"。我们一生当中，谁不曾迷？谁不曾悟？迷惑时，无明生起，烦恼痛苦；觉悟后，心开意解，欢喜自在。

　　其实，迷悟只在一念之间！一念迷，愁云惨雾；一念悟，慧日高悬。正如经云："烦恼即菩提，菩提即烦恼！"菠萝、葡萄的酸涩，经由阳光的照射、和风的吹拂，酸涩就可以成为甜蜜的滋味。所以，能把迷的酸涩，经过一些自我的省思、观照，当下就是悟的甜蜜了。

　　曾经有些读者因为看了《迷悟之间》而戒掉嚼槟榔、赌博、酗酒的坏习惯；也有人因读了《迷悟之间》而心性变柔软，能体贴他人，或改善家庭生活品质，甚至有人因而打消自杀的念头……凡此，都是令人欣慰的回响。

《六祖坛经》里写道："不悟，佛是众生；一念转悟，众生是佛。"迷与悟，常常只在一念之间！祈愿这一千余篇的短文，能轻轻点拨每个人本自具足的清净佛性，让阅读者皆能转迷为悟、转苦为乐、转凡为圣。

星云

二〇一〇年二月

于佛光山法堂

星云大师传略 ......

　　星云大师，江苏江都人，一九二七年生，为禅门临济宗第四十八代传人。十二岁于宜兴大觉寺礼志开上人出家，一九四九年赴台，一九六七年开创佛光山，以弘扬"人间佛教"为宗风，树立"以文化弘扬佛法，以教育培养人才，以慈善福利社会，以共修净化人心"之宗旨，致力推动佛教文化、教育、慈善、弘法等事业。

　　在出家一甲子以上的岁月里，大师陆续于世界各地创建二百余所道场，并创办十八所美术馆、二十六所图书馆、四家出版社、十二所书局、五十余所中华学校、十六所佛教丛林学院，以及智光商工、普门高中、均头中小学等。此外，先后在美国、中国台湾、澳洲创办西来、佛光、南华及南天（筹办中）四所大学。二〇〇六年西来大学正式成为美国大学西区联盟（WASC）会员，为美国首座由华人创办并获得该项荣誉之大学。

　　一九七七年成立"佛光大藏经编修委员会"，编纂《佛光大藏经》、《佛光大辞典》。一九九七年出版《中国佛教白话经典宝藏》，一九九八年创立人间卫视，二○○○年创办佛教第一份日报《人间福报》，二○○一年将发行二十余年的《普门》杂志转型为《普门学报》论文双月刊，同时成立"法藏文库"，收录海峡两岸有关佛学的硕、博士论文及世界各地汉文论文，辑成《中国佛教学术论典》、《中国佛教文化论丛》各一百册等。

大师著作等身，总计二千万言，并翻译成英、日、西、葡等十余种文字，流通世界各地。于大陆出版的有《佛光菜根谭》、《释迦牟尼佛传》、《佛学教科书》、《往事百语》、《金刚经讲话》、《六祖坛经讲话》、《人间佛教系列》、《星云大师人生修炼丛书》、《另类的财富》等五十余种。

大师教化宏广，计有来自世界各地之出家弟子千余人，全球信众则达数百万之多；一生弘扬人间佛教，倡导"地球人"思想，对"欢喜与融和、同体与共生、尊重与包容、平等与和平、自然与生命、圆满与自在、公是公非、发心与发展、自觉与行佛"等理念多所发扬。一九九一年成立国际佛光会，被推为世界总会会长；于五大洲成立一百七十余个国家地区协会，成为全球华人最大的社团，实践"佛光普照三千界，法水长流五大洲"的理想。二○○三年通过联合国审查肯定，正式加入"联合国非政府组织"(NGO)。

大师自一九八九年访问大陆后，便一直心系祖国的统一。近年回宜兴复兴祖庭大觉寺，并捐建扬州鉴真图书馆、接受苏州寒山寺的赠钟，期能促进祖国统一，带动世界和平。

大师对佛教制度化、现代化、人间化、国际化的发展，可说厥功至伟！

目　录

成功的理念

　　社会上每一个成功的人，必定都有健全的理念。有的人对于经济的发展，有一套健全的计划，他的事业当然就会成功；有的人虽然只是经营一家小面摊，他也要把面食煮得让人吃得欢喜，才能以广招徕，这就是他成功的理念。甚至有的人哪怕只是摆一个地摊，他也要算一算市场的地段、人潮，把这些条件都能在计划里加以考量，他当然就能致富。

　　有的人一生只要跟随一个人，尽忠职守，这个人就能成功；有的人在一个企业里，只要肯苦干实干，奉献劳力，他就能成功。

　　教育界里，有理念的校长、教授、老师，都会受学生的欢迎；家庭里，如果出了有理念的儿孙，这个家庭也会有发展。

　　"理想是现实之因，现实是理想之果"，理念就是成功的条件。如果一个人的理念都是忠心耿耿，都肯勤劳精进，对社会做出贡献，这就是成功的理念。像地藏王菩萨，"地狱不空，誓不成佛"，有理念，就有愿力，就能成功。

　　台湾的王惕吾、余纪忠有办报的理念，所以《联合报》、《中国时报》经营得有声有色。佛光大学的护持者有追随佛光山兴学的理念，虽然是"百元兴学"，但是结合百万人，那就是一股相当大的力量。

　　做生意，有的人"童叟无欺"，有的人"货真价实"；有的人以物美价廉、薄利多销的理念成功，也有的人以服务的理念成功，有的人以尊重的理念成功，像日本有个小吃店的老板，他奉"顾客为神"，所以能和气生财。

　　做生意的人，不管是经营小生意，或是创办大企业，都能把消费者的利益放在第一位，就能成功。华航所以生意兴隆，因为有"以客为尊"的理念，所以能赚钱；奇美的许文龙，他把公司盈余的利润分享大家，让员工把公司视为己有，以厂为家，所以他的企业一直在稳定中成长。高清愿的统一集团，二十四小时便利商店，给人的便利，服务的巧思，终于使连锁商店遍布全省。

　　"去一人之私，成众人之功。"其实，成功的理念很多；尤以佛教的八正道，如果你能照着实践，必然可以成功。

我是主人

　　社会上，有很多人都愿意信赖一个领导人，作为自己的主人。其实，主人不是别人，就是自己。话说有一个地痞流氓，在乡里无恶不作，最不喜欢善人君子。有一天，他想来个恶作剧，就抓了一只小鸟到某寺，问一位禅师："禅师，你是一个通达佛法的高人，现在我手中握了一只小鸟，你能猜得到它是活的，还是死的吗？如果猜对了，我们就一切善罢甘休，否则我不容许你居住在本地。"

　　禅师听完后，语气平静和缓地说道："壮士，不要玩弄老僧了，你手中的小鸟，如果我说它是活的，你就会把它捏死，如果我说它是死的，你就会把它放走；生死不都是由你自己做主吗？问我何干！"恶霸虽然心狠，也不得不佩服禅师的智慧，只得鞠躬作揖而退。

　　其实，世上任何事情，都由不得别人，一切都是自己做自己的主人。我要富贵，我可以勤劳工作；我要知识，我可以发愤读书；我要行事顺利，我就要广结善缘；我要健康，我就要重视保健。因为我是自己的主人，我想要的，有什么不能成功的呢？

世上的人，不都是"我爱他来他爱我，我恨他来他恨我"吗？就如你对着山谷讲话，山谷的回音就是你的原音呈现。你对着山谷说"我爱你"，山谷就回给你"我爱你"；你对着山谷大喊"我恨你"，山谷也会回给你"我恨你"。

做自己主人的人生，不要处处想要依赖别人。佛法说："自依止，法依止，莫异依止。"就拿生死来说吧，也是在自己的一念之间。一些害了重病的人，由于自己的心理健康，心胸豁达，他可能就会转危为安；一些凶残的受刑人，绑赴法场，不也是他自己身、口、意所造的业，自作自受吗？

所以，世上的善恶、贫富、贵贱、有无，不是在外境上的分别，都是由我们自己身心行为所造；自己的行为，就是自己的因果，由不得他人。

幸福在哪里？不是在哪一位神明的赐与，不是在哪一位长官的提拔，幸福在我们自己的手中！同样的，不幸的遭遇，看起来都是外来的因素，实际上，祸福无门，唯人自招！是福是祸，主人不能赖账的喔！

自立才能自助，自立才有他助；自立才能人助，自立才有天助。外力的帮助，是一个缘分，我自己的因地不正，何能有好的结果呢？所以，我是自己的主人，只要懂得此中之要，必然成为我们人生处世的一句箴言。

豢养

　　人类成为大自然的主宰，自然有他的条件，就如豢养鸟兽，从中即可见人类高强的本领。

　　动物园里，大如狮子、老虎，都被豢养在笼子里，供人参观，其他许多的鸟雀、小动物，那就更不用说了。马戏团里，大象、猴子也为人所豢养，乖乖地听人摆布，失去自己原有的本性。

　　海洋世界里的鲸鱼、海豚、海狮、海豹，被人捕捉之后，它们为了能有一点小鱼维生，只有唯命是从。熊猫、无尾熊等一些稀有动物，则被当成国际礼物，相互赠送。

　　猫头鹰本是难得一见的夜间动物，在日本本栖湖旁的富士国际花园里，就豢养了一百多种全世界不同品种的猫头鹰，它们原本是夜行者，但被人豢养，供人参观，因此也不得不适应白天送往迎来的生活。

　　鸡、鸭成为家禽，猫、狗、马、牛成为家畜，为了给人豢养，也是唯命是从，因为它们没有理想，只要把肚子填饱就别无所求。人更把小狗当作宠物，小狗喜欢吠叫，主人还要一再地告诉它："不可叫！不可叫！"最后让小狗也失去了吠叫的本能，真是令人为这些被豢养的生命感到痛惜。

我们反观西方人士，他们把离了畜群的小虎、小豹，悉心养大之后放归山林，让它们重回大自然的怀抱，这种爱护动物之情，令人动容；关在鸟笼里的鸟雀，打开鸟笼让它们展翅高飞，那种重获自由的喜悦之情，多么令人向往。这一切只有曾经被囚禁过的人们，才懂得被关闭时失去自由的痛苦。

人，不但豢养动物，传说港澳地区还有人"养小鬼"，目的是为了驱使小鬼在赌桌上帮自己赢钱。然而"请鬼容易送鬼难"，到最后稍不如意，反受小鬼之害者，也时有所闻。尤有甚者，人甚至连同种的人类，也会把他当奴隶豢养。如过去买卖黑人的制度，或现在包二奶的情况。被人豢养的人固然可怜，豢养动物、豢养人类的人，难道就聪明、有德吗？

被人豢养，有的是迫不得已，有一些则是自甘堕落。其实，每一个生命都有无比的尊严，假如有崇高的人格，就要善待大自然和生命，不一定要豢养，多多给他们自由吧！

"家鸡有食镬汤近，野鹤无粮天地宽。"何不深思之！

警察

警察是人民的保姆。除暴安良，是警察的责任，他们维护社会的安全，以自己的辛苦让社会大众获得平安的生活，实在可敬可佩。

解放前在大陆，警察没有地位，被社会讥笑为"没有办法才当警察，黑漆棍子腰里夹"，警察连佩枪都没有，没有威风，哪里会受人尊敬呢? 台湾地区自从倡导提升警察素质，当警察的基本条件要受高等教育，甚至现在有警察大学、警察研究所，所以现在台湾的警察素质提高了。

现代的警察，不但拥有佩枪，拥有八号分机的无线电配备，还有警车巡逻，甚至还有重型的机车，真是威风八面，令人看了就知道警察的地位已不同于往昔。

当然，现代的警察当中，也有一些不肖分子。不过，再好的良田也有几根稗草，就如任何团体中都有一些不肖的分子，商人有不肖的投机分子，军人有不肖的败类分子，教师也有不肖的滥竽充数，甚至不肖的学生、不肖的青年、不肖的家长，那就更不用说了。社会上，何必大家只一味地责备警察呢？

所以，警界不肖的事情，媒体不宜太多地报道，因为警察的责任是替民众服务，为民表率，应该树立他们的形象，给他们鼓励；让受到鼓励的警界，知道自己的责任重大，知道自己做人的分寸，知道自己要做人民的模范，这不但是警察之幸，也将是民众之幸。

现在的警察，任务之繁多，待遇之微薄，导致有一些妇女不愿意嫁给警察。因为丈夫当了警察，就没有完整的家庭生活；警察的任务，不分白天黑夜，甚至经常发生警匪大战，生命朝不保夕，很多人因此觉得，何必拿生命去赚钱，勉强来养家糊口呢？

尤其，过去要求警察骂不还口，打不还手，不准动用武器。执行社会的秩序、法纪、纲常，没有权威、没有武力，动辄得咎，这也难为许多警察了。

现在警察的任务，真是无所不包，只要一通电话，这里失火，那里淹水，各种的交通事故，乃至人民纠纷，夫妻吵架，谁家逃税，哪家银行欠款，哪个地方有嫌疑分子出入等，都要叫警察。检举脏乱、驱逐蛇蝎恶兽等，也要呼叫警察。有时候警察到达现场的速度慢了一些，民众还要责问：你们是干什么的？

所幸现在有一个很好的现象，就是不但有女子警察，还有空中警察、水上警察、公路警察、缉私警察，以及义消义警等，可见警察的任务真是包罗万象，他们的工作之繁重，需要人民的尊重与合作，所以我们经常提倡：人人做警察！唯有如此，则社会的治安才会更好。

东西

　　"东西"，表示空间有东边、有西边，本来是两不相干，但现在把他们凑和起来，表示世间的一切人、事、物都包含在"东西"之内。例如，一张桌子，我们说把这个东西拿开；一块石头，我们也说把这个东西搬走；甚至一个杯子，你叫我把那个东西拿来；一栋房子，也说建筑的这许多东西都不好看。乃至一个人，我们说他不是好东西，甚至直接骂人：你算什么东西！

　　相传"东西"的由来，是过去在东边有一个市集，专门卖外地来的物品；在西边也有一个市集，专门卖本地的物品。凡是民众要买物品的时候，不是到东边的市场，就是到西边的市场。慢慢地就泛称世界的事事物物，都称之为"东西"了。

　　"东西"，以佛法来讲，就称为"法"。一沙一石，称为法；一草一木，也称为法。大至天地日月，小至微尘细胞，也称为法。十法界都称为"法"，十法界也都可以称为"东西"。

所以，"东西"可大可小，有的人还专门喜欢小东西，如小狗、小猫、小鸟、小鱼，都是为人所喜欢的小东西；钻石也不要看它很小，有时候比大东西还要贵上千百倍呢！大东西，如世界可称为东西，宇宙也可称为东西，人生也可称为东西。甚至有人不喜欢宇宙、世界、人生，他就慨叹说：我不喜欢这些东西。

有的人家东西很多，有的人家东西很少；东西多的表示富有，东西少的表示贫乏。古人"以物易物"，这叫做交换东西；现在的人用金钱购买物品，也叫做买东西。"东西"一词，现在已经成为我们生活中不可少的用语了。

知识也称为东西，如果满脑子的智慧、思想，就说这个人肚子里有东西。唯愿世间上的人，不一定只是追求许多形式上的东西，而能在心灵上拥有许多智慧、美德等东西；不要把金玉的东西放在外面，而把败絮的东西装在里面。我们要把忠孝仁爱、礼义廉耻这许多东西，充实在我们的生命里，我们要把人这个东西，表现出是真、善、美的东西，如此就算是东西，也不是不好。

勇气

　　做人，要有勇气，才能在人世间的横逆挫折中，愈挫愈勇。佛教讲"成佛作祖"，也不光是有慈悲、有智慧就能够成就，最重要的，还要有勇气。你看，观世音菩萨游行三千大千世界，救苦救难，如果不能吃苦耐劳，没有大无畏的勇气，他怎么能普度众生呢？地藏菩萨"地狱不空，誓不成佛"，也是要有勇气，才能深入地狱救苦。

　　勇气的表达，知耻、认错、惭愧、忏悔，都是勇气。忍耐，要有勇气；承担，也是勇气。出家人割爱辞亲，是勇气；行脚天下，是勇气；弘扬真理，是勇气；普度众生，是勇气；刻苦修持，是勇气；独身自处，是勇气；舍己利人，是勇气；托钵行脚，也都是要有勇气。

　　军人作战，要能打胜仗，必须要有勇气；学子读书，不但要有十载寒窗的勇气，而且要怀抱将来救世救人的志气。

　　军事家要有勇气，政治家也要有勇气。所以能够被称之为

"家"，能够成为伟大人物的，不单是要学德健全，具备勇气也是重要的一环。

但现在的青少年，逞强好斗、有勇无谋，只凭一时冲动，好逞匹夫之勇，则不能称为勇气；一个人必须"智仁勇"具备，才是真正的勇气。

这一个世界，是属于有勇气的人所有，商人万里行商，探险家征服高山海洋，都是要靠勇气。一个人，能负担家庭的责任，是一家的勇者；能维护一个社区，是社区的勇者；能保护一个国家的安危，是国家的勇者。

勇者并不一定要舞刀弄枪，我们看诸葛亮，手持羽毛扇，舌战群儒，何等的英勇！姜子牙八十岁还参与国事，就是勇者。抗战初期的张自忠，被批评为汉奸、卖国贼，他为了战事机密，忍辱负重，到最后为国殉难，大家才知道他实在是一个爱国的勇者。秋瑾"秋风秋雨愁煞人"的慨叹，也不愧是一个勇者。文天祥在战败身系图圄时，元朝以宰相之位利诱，但他不为所动，慷慨赴难，实在就是一个伟大的勇者。

所谓勇者，要修身养性，刻苦自励，养成孟子所谓的"浩然正气"，能不为金钱所动、不为美色所诱、不为语言所惑、不为刀枪所惧，才是一个勇者。

现在的人，学习知识比较容易，学习当一个勇者比较困难。有的人平时逞强好胜，但在危难之前，容易为人收买，忘失身负的重任，忘失做人的骨气。所以，真正的勇者，没有多年的修心养性，是不容易成功的。

　　美国的航天员要升到太空以前，都要修习禅定，因为禅定能养成一个人的勇气。当一个人在生死之前都能无所畏惧，还有什么不能勇敢的呢？

邪命

人在世间总要生活。佛经说有两种生活：一为"正命生活"，二为"邪命生活"。正命的生活，就是在金钱上将本求利，譬如有正当的职业、正当的营利、正当的种植、正当的贩卖所得，以此维生，都是正命生活。另外，邪命的生活即为佛所不容了。

《大智度论》说，有五种邪命：第一，为了获得利养，乍现异相，或是奇特花招，是为邪命；第二，自说功德，劝人布施；第三，占相吉凶，用神异控制人心；第四，示现威势，令人畏敬；第五，称说所得的供养，以招人效法。

以上这五种邪命，不只是说外道邪教，以各种迷信蛊祸人心，取得供养；即使佛门之内，许多附佛外道，或是被人尊为大德高僧者，如自称"活佛"，自称"无上师"者，犯此邪命，也不在少数！

《解脱道论》说：一个修行的人，不以正道而修，不去忏悔发愿，而专造占相吉凶、谈梦说异、观察星宿、妄说气象、判人吉凶、心怀贪欲、妄求财利、小小施舍希望厚报，此皆邪命之人也。

《佛遗教经》说：有四种不当的谋生方式，称为四食：一、出家人专门和合汤药、种谷维生，是为"下口食"；二、观看天文星宿，妄言人间好坏，以此维生者，是为"仰口食"；三、巧言多求，攀附豪贵之家，以此维生者，是为"方口食"；四、学习种种咒术，卜算吉凶，以此维生者，是为"维口食"。这四种谋生方法，皆为佛法所不取，列为邪命生活。

其实，今日社会从事邪命生活的人，比比皆是，如：经营屠宰场、钓虾场、猎具店、妓院、酒家、赌场，从事贩卖人口、走私毒品，以及放高利贷、仿冒、报道不实的媒体和色情招摇等，皆为邪命生活。

所谓邪命者，凡是欺骗所得，凡是以假乱真，凡是以伤害人而得私利者，此皆邪命。过邪命生活的人，不一定是穷苦之人，一些高官显达、宗教人士、豪户商贾、世俗社团、黑道大哥、外道狂徒等，皆是过着邪命的生活。

在《治禅病秘要法》中说：有人因邪命之故，为正命之人所唾弃，而他　恨不服。如此之人，当寿终命尽之时，恶道轮回，无有脱期，则就悔之晚矣。

语云：宁可堕地狱，不做邪命人。因为地狱之苦有了期，邪命之人无解脱之日，可见以邪命维生的人，能不慎乎？

淬炼

　　世间万物，无论矿物、植物，都必须经过淬炼，才能把精华提炼出来。例如深山里的金银铜铁等矿产，如果没有经过冶炼，则金、银、铜、铁如何能制成器具，乃至当成建筑材料呢？如果没有经过淘金汰沙的功夫，又如何能有黄金、钻石、美玉的出现呢？甚至石头经过淬炼，成为石灰，可以使墙壁洁白无瑕，增加美观。

　　植物里，也有许多可供民生物用的，经过提炼后而有酱油、花生油、葵花油、香菇精等烹调的佐料；乃至香水、芦荟露等化妆用品，甚至吗啡、鸦片、大麻等，只要用途正当，都可成为治病止痛的医疗药品。

　　此外，橡胶树可以提炼橡胶，制作出汽车轮胎、橡皮艇、橡皮圈等，竹子、木材可以提炼纸浆，制造印刷用的纸张，樟树可以提炼樟脑油，米糠可以提炼米糠油；甚至天山雪莲、长白人参、千年灵芝等，都是植物淬炼精华后，提供人类所需；乃至牛、羊都可从体内分泌出牛奶、羊奶，供人类饮用。

所谓淬炼，不管是自然天成，或是人工制造，都需要时间等条件因缘的成就。淬炼，是一种生命力的展现，在各种淬炼当中，其实最需要提炼的是人性。

人性，有的人有办法、有能力，所谓"能大能小、能前能后、能早能晚、能有能无、能饱能饿、能冷能热、能施能受、能荣能辱"，真是无所不能；但也有的人庸碌无能、昏沉懈怠，提不起精神力。精神力也是要靠淬炼，我们要把内在的精神力提炼出来，把忠孝节义、慈悲友爱的精神提振起来。

历史上，"岳母教忠"就是炼忠，"二十四孝"就是炼孝。人生就像体育选手，要不断地训练体能，才能发展人生的极限。佛教讲修行，就是在提炼佛性，所谓没有经过"千锤百炼"、"千生万死"，如何能把本具的真如佛性提炼出来呢？如何能见到父母未生我时的本来面目呢？所以，人生不要怕淬炼，有淬炼，才有杰出的成就。

成人之美

　　《了凡四训》中提到：人在日常生活里，要随缘尽力实践善行，十例之一，就是"成人之美"。

　　成人之美，是助他的美德。平时玉成他人一件好事，帮别人说一句好话，助别人一臂之力，给别人一点因缘，都是成人之美。

　　过去经常说某人是君子，某人是小人。所谓君子，必有成人之美的胸怀；如果是小人，他不但不会成人之美，而且是嫉妒、打击，找你麻烦、扯你后腿，甚至踩你一脚、给你一拳。

　　一九六九年美国发展太空科技，有两位航天员登陆月球，一位是阿姆斯特朗，一位是奥德伦。但现在一般人只知道有阿姆斯特朗，却极少有人知道奥德伦这个人。原因是当初在登陆月球时，由阿姆斯特朗先踏上月球，所以阿姆斯特朗随着他的名言"我的一小步，是人类的一大步"，因此举世闻名，而奥德伦之名却相对地被埋没了。当登陆月球成功返回地球时，有记

者访问奥德伦："由阿姆斯特朗先出太空舱，成为登上月球的
第一人，你不会觉得遗憾吗？"奥德伦很有风度地说："可是大
家别忘了，当回到地球时，是我先出太空舱，所以我是由别的星
球来到地球的第一人。"

　　晋国的大臣祁黄羊，有一次晋平公问他："南阳邵县令出
缺，谁可胜任？"祁黄羊回答："解狐可以担任。"平公讶异道：
"解狐不是跟你有仇吗？"祁黄羊说："您是问我谁可以任县
令，并不是问我，谁是我的仇人。"不久，掌管兵事尉又出缺，平
公又要祁黄羊推荐。祁黄羊举荐道："祁午可以担任。"平公说：
"祁午不是你的儿子吗？"祁黄羊回答："您是问我谁可以任兵
事尉，并不是问我，谁是我的儿子。"

　　祁黄羊为国举才，既不妒忌仇人，也不避讳内亲，除了"公
正"之外，更有一份"成人之美"的胸怀。

　　成人之美的人，必定有一种对别人的尊重和对自我的谦
卑，他跟别人不太计较，甚至视人如己。如现在的器官捐赠，就
是成人之美；政治上的荐贤让能，也是成人之美；乃至佛教的
结缘，就是成人之美；随喜赞叹，就是成人之美；甚至给人一句
祝福、一句鼓励的话，都是成人之美。

　　成功不必在我，别人的成功，只要是好事，做一个"成人之
美"的人，自己也与有荣焉，何乐而不为呢？

饭桌上

中国人，许多难以处理的问题，有时并不是在法院里解决，也不是在会议桌上研究商讨，反而经常在"饭桌上"比较容易解决一切问题。

经商的人经常要请客吃饭，因为在饭桌上，一些业务往来的问题容易谈得拢。领导人为了地区大事，有时候也要宴请政要，或请工商界人士聚餐，因为茶余饭后，很多问题也容易迎刃而解。

其实，饭桌上也不只是解决政商的关系，饭桌上也可以促进家庭团聚，和谐伦理，是很重要的亲子活动。曾有一段时期，社会上一再呼吁"爸爸回家吃晚饭"，后来又更进一步地提倡"妈妈回家煮晚餐"。其实，光是利用晚餐作为家庭的团聚，仍嫌不够，应该全家老少一齐起来吃早饭，因为一日之计在于晨，利用早饭的时间，对于这一天的计划，互相讨论、了解，彼此放心。

中国人的伦理，从饭桌上也可以看得出来，例如为父母过寿，或逢年过节要先孝敬父母，请父母、家人在饭桌上团聚，甚至长辈过世，慎终追远，也要在饭桌上对先人表达敬意。

不过，现在的社会太重视饭桌文化，每每一桌宴席就要花去数万元不等，一般人负担不起，所以台湾人在饭桌上，如报纸统计，一年就要吃掉一条高速公路。

饭桌上也不只是吃饭，饭桌上的礼仪也应该注意。西洋人吃饭，都是轻声细语、细嚼慢咽；中国人吃饭，都要敬酒划拳、吆五喝六。吃饭的时候，要有礼貌，要注意宾主的关系，要和左右的人讲话；但是讲话的音量不宜太大声，不要口沫横飞，不能肆无忌惮得旁若无人。如果不懂饭桌上的礼仪，还是藏拙，不要吃那一顿饭为好。

饭桌上，虽然能够解决许多问题，但还是要提倡简朴的生活。如过去政治界都提倡"梅花餐"，现在游锡堃先生又再度提倡，甚至也有人提议吃便当。如果今后能以便当代替宴客，能以梅花餐代替丰富的满汉全席，如此简朴的饭食文化能够推广成为全民运动，提高我们的饮食文化与涵养，则未来社会的富有指日可待。

湘江月色图翠竹斋

失败之人，
不外乎一意孤行、刚愎自用；
成功之人，
大多能与人为善、从善如流。

勇者创造命运，弱者依赖命运；
仁者静观命运，智者改变命运。

跑江湖

　　唐朝的马祖道一禅师住在江西般若寺，石头希迁禅师住在湖南的南岳山。当时一些青年学者仰慕这两位大师的高德，经常往返江西亲近马祖道一禅师，不然就到湖南问道于石头希迁禅师。由于大家经常要在江西、湖南来去，因此那个时候就把参学访道称为"跑江湖"。后来一些卖艺维生的人，也经常在各地表演，所谓要"跑码头"，慢慢也变成为在"跑江湖"了。

　　从访师学道到卖艺赚钱，都称为"跑江湖"。观之于今日的名师学者，一下子在此处教书，一下子又到彼处讲学，一下子在国内，一下子到国外，不也都是类似跑江湖吗? 不过，过去是学子跑江湖，现在是老师跑江湖；是现代的学生有福呢? 还是老师劳碌呢?

　　跑江湖也不是不好，所谓"读万卷书，行万里路"，能够吸收各地的知识，增加见闻，也值得鼓励。可惜现在的"江湖"二字，已经被滥用了，一些欺名盗世之徒，被人讥为"江湖术士"，一些黑道分子，也被称为"江湖大哥"，甚至密医也被称为"江湖郎中"，"江湖"二字就不再那么神圣、那么有价值了。

跑江湖现在已经成为一种不正当的术语，例如称老于世故的人为"老江湖"，对于才刚出道，还在跑腿的，称"初出江湖"。至于一些事业有成、武功高强的人，有时也会闹着要"退出江湖"。"人在江湖，身不由己"，更是令人感到江湖是一个险恶的圈圈，踏进了江湖，就在危险的边缘，所以现在的父母，都怕他们年轻的儿女与江湖人士接触。

有的人说"重出江湖"，有的人说"重振江湖"，江湖究竟是好呢？还是不好呢？比之于今日的政党，也让一些政客游走于各党之间，翻云覆雨。"江湖千尺浪，政党万重波"，各位与江湖、政党接近的人士，你们为了身家前途，为了安全保障，对于江湖、政党之中的人们，不得不小心为要。

为夜生活辩白

　　古代过着"夜生活"的人，只有一些莘莘学子寒窗苦读、挑灯夜战。自从科学进步，夜晚有了电灯以后，夜生活就跟着多彩多姿了。

　　因为"灯红酒绿"、"纸醉金迷"，致使夜生活一直被归为不正当的生活。其实，很多夜生活的人，都是在为大众服务，他们劳苦功高，不为人知的辛苦，更加值得歌颂。例如，清道夫就是靠着夜晚别人在休息时，把环境整理得焕然一新；报社的工作人员，就是靠着夜晚通宵达旦地勤奋工作，第二天才能人手一报，知道天下事。

　　造桥修路的工人，为了白天要让行人方便，都是利用夜间工作。又如夜间叫卖的小贩、夜间的警卫、海防的守卫人员等，也都是在夜晚执勤工作，所以不可以把夜生活一概丑化，那是非常的不公平。

　　往昔打更的更夫，现在巡夜的警察，对社会安全都有很大的贡献。甚至现在的社团，因为白天不容易召集群众，往往利用夜晚讲习、集会、进修，所以夜生活也不完全是糜烂的，它也有积极进取的一面。

现在由于交通发达、天涯若比邻，各种的信息即刻就可以传遍天下。但因为世界各地时差不一，所以传达信息的国际工作者，也在夜晚工作，争取时间，不让信息遗漏，所以也不能不为他们的工作致上敬意。

医院里的医生护士，夜晚随叫随到；尤其慈悲的出家人，半夜有人往生，也要前往助念、处理后事，这也是值得歌颂。同样的夜生活，固然有很多的罪恶在夜晚发生，如小偷、窃盗，但我们也不能抹杀夜间为社会服务的人所做的贡献。

过去古人只说自己的雅兴："人生最大幸福事，半夜挑灯读坛经。"现在可以把他改为："人间最大贡献者，半夜值勤为群众。"

所以，白天可以做善事善举，夜晚也可以济世利人，尤其到了冬防的时候，邻里相助，彼此照顾，也在夜晚里相继贡献大众。过去匡衡凿壁偷光，苦读成功；多少学界的名家，如范仲淹、王安石，都曾借助佛前的明灯夜读，终于成为文学泰斗。夜晚也是给人许多帮助的！

唱反调

有一种外道，自己没有主张，他的主张就是"反对你"；"反对你"就是我的主张，这就是标准的"唱反调"。

在一个团体里，不怕有不同的声音，尤其民主时代，少数服从多数，多数也要尊重少数；由于容许不同的声音存在，所以才称其为民主时代，才能日渐发展、进步。

然而，一个合唱团，虽有高低音、二部合唱、四部合唱，但是彼此调门要相同，否则就会荒腔走板；一个团体要和谐，彼此调门也要一致，如果唱反调的人太多，必然分崩离析，绝对无益于团体的进步、发展。

唱反调就是有不同的声音，唱反调不是不好。唐朝名相狄仁杰反对武则天，武则天反而用他为相；唐太宗也经常听魏征的谏言，可见唐太宗能容许臣子唱反调。

一个人能够容许反调的存在，要有肚量、要有智慧去辨别。

家庭里有叛逆性格的儿女，无论父母讲什么话，他都要唱反调。社会上，有的人无论别人谈论什么事，他都要唱反调。例如：一个人说：纽约、东京、上海是世界三大都市，这是过去一般教科书明载的。但是他听了偏要说：哪里一定是这样，我们也不一定要依过去来讲，未来南京说不定也可以成为明日的大都市。总之，他总有一番自己的说词，总要把你的话推翻。

一般人在不自觉中，也有唱反调的性格，例如：一个人说：你今天看起来很愉快，他偏要说：难道我昨天不开心吗？他总要反你一下。三国时代的魏延，生有反骨，是天生的反对派，是天生唱反调的；清朝乾隆皇帝身旁的宠臣和珅，他专门和刘罗锅唱反调。

唱反调者，就看你唱得好不好。邪对正，是唱反调；正对邪，也是唱反调。所以唱反调不怕，要看唱得对不对，唱得好听不好听？历朝的革命，都是靠唱反调；历朝的改革，也是要唱反调。唱好听的反调，虽然少数人反对，对大多数人来讲，是大快人心，如此唱反调又未尝不好，因为这就是合法的言论自由！

自我调侃

人，都很怕被人家说到自己的短处，例如身高不及人、相貌不美丽、声音不好听、口齿不清楚等。对于自己的短处，害怕别人嘲笑，其实人哪里有十全十美，何必计较自己的缺点，如果有三分幽默，自我调侃，那倒是做人的潇洒。

西方人在竞选时，政见发表中都喜欢自我调侃一番，博得大家的哈哈一笑；自我调侃非但不是不好，反而容易引起别人的注意，加深别人对他的印象，甚至赢得别人对他的尊重。

自我调侃可以化解尴尬的气氛。苏格拉底有一次被老婆大骂之后，又当着众多朋友面前被泼了一盆水，正当大家尴尬得面面相觑，不知如何是好的时候，却听苏格拉底不慌不忙地说："我就知道打雷之后，一定会下雨。"

有一次，圆瑛老和尚开大座讲经结束后，维那师本来应该说："打引磬，送老和尚回寮"，因为一时太紧张，讲成"打老和尚，送引磬回寮"。圆瑛法师听后，边走边说："不用打了，我自己会走。"一句自我调侃的话，化解了维那师的紧张、尴尬，真不愧是佛门的长老大德。

有一个小兵收假回营时，提了两只鸭子，被团长撞见，团长问：你手上提了什东西？小兵一见长官，本已紧张万分，又被询问，更加结巴："报告鸭子，我手上提的是两个团长。"团长说："我很重的，你提不动。"

有一次，一位政治人物过寿，借机宴请同僚，包括长官、部属。席中，一位侍卫官被安排为一位上司服务，因为太紧张，倒酒时不偏不倚地把整杯酒洒在上司全秃的头上，一时全场屏息，静待上司发怒骂人，不料上司却对侍卫官轻声说道："你以为这种方法可以治疗我的秃头吗？如果有效的话，我早就自己施行了。"

懂得自我调侃的人，必然都是很有智慧、很有修养、很有同情心的人；一个居高位的人，有时候对部下无意的冒犯，能用自我调侃化解，也是一种慈悲。

遗产

　　每一个家庭的父母，都会把一些遗产留给儿孙；有的人则把智慧、道德留给后人景仰，这都是遗产。

　　孔子、孟子、耶稣、释迦牟尼佛，他们为后世留下许多的金玉良言、法语真理，这都是人类的遗产。

　　遗产，有时是社会的财富，如：前人所种的树、所开辟的道路、所发展的建设成果，都成为社会的遗产。

　　大自然留给我们许多遗产，如美国大峡谷、黄石公园、亚马逊森林；甚至金字塔、万里长城、泰姬陵、吴哥窟，都是前人留给人类的文化遗产。

　　科学家发明电灯、飞机、电话、计算机等，都是促进人类文明的遗产。乃至画家梵高、毕加索、达芬奇留下的作品，音乐家贝多芬留下的心灵交响曲，莎士比亚留下的舞台戏剧，都是人类的艺术遗产。

　　每一个人的生命，都应该为世间留下一点色彩，例如一句好话、一件好事、一个善缘。所谓"三不朽"：立功、立德、立言；能够留给世人纪念、学习，成为他人的榜样，都可以成为我们留给世间的遗产。

身为现代人，我们的任务不但自己要能留给后人一些遗产，而且还要将前人留给我们的遗产，继续好好地保存下去，进而还要发扬光大。

遗产，不一定是指有形、有相、有价、有限的金银财宝、土地房屋；遗产，也不一定都要留给子孙。有的子孙不肖，为了争夺遗产，祸起萧墙，反失前人的苦心；不如把遗产捐给社会公益单位，无形中也把自己的慈悲、智慧留传后世，造福人群，更能发挥遗产的价值。

遗产，当我们能把留给家族的遗产，扩大为留给社会、留给大众，能够扩大遗产的价值，那就是人类的进步了。

佛教的信徒，在世的时候都懂得要行善布施，但是临终时，总把遗产留给子孙；西方人，儿孙自有儿孙福，都把遗产捐给社会，捐给自己信仰的宗教。子孙不一定会善用父母的遗产，不一定能光大父母的遗德；而宗教必定能把圣财用之于社会，用之于众生。所以，佛教的信徒们，你们的遗产何不捐给你所信仰的教团或者教会呢？

枷锁

　　一个犯了刑法、身系图圄的人，不但幽禁关闭，甚至还会枷锁缚身，不能自由。但一些有自由的人，不知道自由的可贵，总要等到失去了自由，才知道枷锁束缚的艰难痛苦了。

　　自由，像阳光、像空气；没有阳光、空气，日子怎么过呢？其实，我们每一个人，虽然没有身系图圄，没有被囚被缚，但牢狱也不一定是有形的，我们没有住在"心中的牢狱"里吗？因贪欲所造的罪业，因悔恨所造的罪业，因妄语欺骗他人所造的罪业，只是没有受到法律的制裁，但内心不会感到不安吗？这不就像是枷锁系身，不就跟住在心中的牢狱一样吗？

　　所以，我们看那些在街道上正步走路的人，和坐在汽车中扬长而去的富者，他们真的就没有枷锁缚身吗？就算没有枷锁囚身，心里无形的枷锁，有时候更为沉重啊！

　　甚至就算是一个普通人，他所担负的枷锁也是很沉重的。求名，就被盛名的枷锁所囚；求利，就被利益的枷锁所囚；求爱，就被爱欲的枷锁所因。

一般人都懂得"家"者，就是枷锁也。其实，欲望就是无形的枷锁，烦恼就是无形的枷锁。有的人，本来可以减少枷锁的束缚，但是他喜欢养个小猫、小狗当宠物，平时在家不得不好好照顾，有时出外办事，也要为它担心挂念，甚至多年不敢外出，这不就是被枷锁所束缚了吗？

负债的人，债务就是枷锁；做官的人，官位就是枷锁；夫妻结婚，婚姻就是枷锁；生儿育女，儿女就说枷锁。有形的枷锁，将来还有个解除的期限；无形的枷锁，就像无期徒刑。所以佛法说："三界如牢狱"，名利、情色、恩仇都是心中的牢狱，但这些也不是不能去除，只要忏悔、改过、行善、无愧我心，所谓"罪业本空由心造，心若灭时罪亦亡"，心中的枷锁也不是不可解除的呀。

"色不迷人人自迷，酒不醉人人自醉"，枷锁并不是外来的，能束缚人的，还是自己内心的枷锁。只要能时时心想利人，只要能处处与人为善，只要肯广结善缘，只要心怀慈悲、无计得失，心上的枷锁自然也会有解除的一天！

要有反应

世间上，物理讲究反应，人情上也讲究反应。反应来自刺激，有刺激而没有反应，就是麻木。人撒手尘寰，就没有反应了，所以只要是活的，就应该要有反应。

国家元首的一篇文告，当天全国都会有反应；国家的一个政策、一个计划，全国的人民也会有反应。当这个国家的正事都没有人反应，反而耸人听闻的消息有人反应，或者只注重股票的涨跌，反应过度，也不见得是好事。

人与人相处，彼此的和谐，就是靠彼此善意的反应；如果彼此发生猜忌、粗语，就会有不良的反应。甚至于因果报应、业障现前，也都是一种反应现象。

人居住的环境，如果空气品质不好，居民的健康即刻就会有了反应；甚至化学污染，有时也会让人在反应中赔上生命。

人应该要有正常的反应，应该笑的时候要笑、应该说的时候要说、应该做的时候要做，这是正常的反应；如果该说的时候不说、该笑的时候不笑、该做的时候不做，就是不正常的反应，这在佛教里称之为"非人"。

有的人反应在口中，有的人反应在脸上，有的人反应在心里，也有的人反应在手脚上。欢喜的时候，手之舞之、足之蹈之，用来表示他快乐的反应；不喜欢的时候，拳脚交加，这也是极端的反应。

反应是很正常的，我们在世间上，只要是活的、有生命的东西，都要有正常的反应。例如恻隐之心就是反应，仗义直言就是反应，感动牺牲也是反应，扶弱除强也是反应。

我们的眼、耳、鼻、舌、身、意六根，接触到色、声、香、味、触、法六尘，都会产生反应。敲钟打鼓，也都有反应。前不久，佛指舍利莅临台湾，礼拜者不是涕泪纵横，就是法喜充满，这都是很正常的反应。

我们的日常生活里，喜怒哀乐的反应，都会对个人、对社会、对国家，乃至上下古今未来，产生错综复杂的反应。因此，我们要想得到善缘好运，就必须要广结善缘，才会反应出好运；我们未来的人生要想上升善道，此生就要有好的作为，将来必定会有好的反应。

花语

人能说话，大家没有异议。动物里，走兽会说话吗？飞禽会说话吗？鱼虾会说话吗？它们有声音，可能它们的语言我们不懂。总之，马高兴了，它会长嘶；牛有兴致了，它会发出吼声。深山丛林里，飞禽鸣叫的声音此起彼落，相互呼应，你能说它们没有语言吗？

大自然里，花草树木有语言吗？有的语言是有声音的，有的是无声的语言，像"溪声尽是广长舌"，这是有声音的语言；像"山色无非清净身"，这就是无声的语言。

即使是人，语言的表达也有低能，也有高手。有的人，几十年岁月里，自己本国的语言都说不好，何况要他再多学一种外国语言呢？有的人能通六国、十国语言，甚至我们赞美聪明的人"善解人意"；能够"善解人意"的女人，我们就称她为"解语花"。

说到花的语言，像康乃馨不就是代表母爱对你的关怀吗？百合花不就是向你表达它的纯洁吗？紫丁香代表初恋，玉兰花向你宣誓，表示信任，牵牛花代表男女的情意，西洋的玫瑰花也在爱情的领域里，与牵牛花一较长短。

其实，植物早已向世人说话。一年四季里，"春兰"、"秋菊"、"夏荷"、"冬梅"。春天的兰花告诉我们，它是山中的隐士；夏天的荷花诉说它的耐力与清净："直饶热得人流汗，荷池莲蕊也芬芳"；秋天的菊花坚韧不拔："菊残犹有傲霜枝"，它能抵抗严寒的侵袭，庄敬自强；冬天的梅花无畏冰雪霜寒，它一枝独秀，傲骨凛然，所谓"不经一番寒彻骨，哪得梅花扑鼻香"。

花各有特性，所以世界各国莫不选出"国花"，用以代表自己的民族精神。中国内地以牡丹作为国花，表示它的荣华富贵；此外，目前世界上各国国花为人所熟知的，如：日本的樱花、荷兰的郁金香、印度的荷花、尼泊尔的石楠花、俄罗斯的向日葵、美国的西洋耧斗菜、英国的蔷薇等。

许多花都是在向世人诉说它们的身世、它们的精神、它们的内涵、它们的价值。尤其，花最擅向世人说的就是"花开花落"，道尽了人世的沧桑，一切苦空无常。虽然世事无常，花也有再生的希望，如"去年今日此门中，人面桃花相映红；人面不知何处去，桃花依旧笑春风"。

岂止百花对我们说法，大自然哪一样不是每日在向我们示意人间的沧桑？只是"落花有意，流水无情"。聪明的人儿，你看清落花代表什么意思了吗？你听懂流水的声音表达什么道理了吗？你能像桃花一样，有想到自己来生的春夏秋冬吗？

愈是历经困难挫折，愈是成就逆增上缘，
凡事用心勤恳学习，必定能够突破局限。

在憎恨的地方播下慈悲的种子；
在创痛的地方播下宽恕的种子；
在疑虑的地方播下信心的种子；
在颓丧的地方播下希望的种子；
在苦楚的地方播下喜乐的种子。

居家之道

　　人生，为官的有为官之道，经商的有经商之道，居家就有居家之道。居家之道是什么呢？

　　居家之道要"敦亲睦邻"，居家之道要"量入为出"，居家之道要"省吃俭用"，居家之道要"敬老爱幼"，居家之道要"上慈下孝"，居家之道要"和睦亲族"，居家之道要"忠孝双全"，居家之道要"你大我小"，居家之道要"吃亏就是占便宜"，居家之道要"为了求全就要委屈"，居家之道要"以爱才能赢得爱"，居家之道要"修心养性"，居家之道要"树立形象"，居家之道要"有人无我"，居家之道要"窗明几净"。

　　居家之道，无论是男女主人，都要善做羹汤；居家之道，要自己保护健康，否则生病了，就会带给家人麻烦，自他皆苦。

　　家，不是一个人的；家，是全家人共有的，居家之道要共同遵守，共同经营一个美满的家。有的家庭，男主人经常在外应酬，甚至把客人带回家中，影响家居生活，经常如此，家庭必然出现问题。

家，有大家庭、小家庭，现在的家庭多数是小家庭，过去三代同堂、五代同屋的家庭已经少有了。有的人有家却不喜欢回家，有的人找不到家，无家可归。有的人认为家中人多好做事，这是有合群的性格；有的人嫌人多耗费大，所以人各有性。

中国的齐家之道，家齐而后国治。家，要家中的每个分子都能喜欢别人，家才会融和，才有欢笑。林觉民以自己的家，想到别人也有家，我爱我的家，大家都爱家，所以他把爱家之情升华为舍身取义之情。

爱家要"爱屋及乌"，你爱了家，就要对与家有关的环境、邻居、社区建设，都要关心。居家要简洁明了，外国人居家都很简单，不像中国人家中经常堆积如仓库。家居要整齐、清洁、美观、朴素，家中要有供奉祖先的位置，要供有佛菩萨圣像，才有中心。居家环境不要迷信地理风水，只要通风、向阳，尤其能与邻居友好，守望相助，才是重要。

中国人过去讲究"积善之家庆有余"，现在的人都希望要经营"书香之家"。每个家庭能订一份《人间福报》，每日观赏人间卫视，每人参加佛光会当会员，每年到佛光山朝山一次，建立一个佛光之家，以人间佛教作为家人的共同思想，这就是居家之道了。

登山

古代交通不便，人们从一个地方要到另外的地方去，总要翻山越岭、跋山涉水，经过长途远征，几番辛苦后才能抵达目的地。现在时代进步，交通发达，县市之间，乃至国与国之间，尽管高山险阻，也有各种交通工具通行其间，朝发夕至。所以，登山已经从古代生存必备的能力，到现在变成自我向大自然挑战的活动。

登山，可以训练一个人的体能、精神、毅力；登山，还可以满足人冒险犯难、挑战自我极限的欲望。登山是与大自然搏斗，大自然虽然雄伟，人还是可以与高度搏斗，一样可以顺利登顶。

不过，登山毕竟是一种具有冒险性的行为，所以事前必须经过专业训练，至少要有资深的登山者当向导。由于登山需要极大的体能、耐力，所以一般说来，缔造各种登山纪录者，大部分是男性，当然也有少数的女性，甚至肢体残障人士也能登顶成功。例如英国人Tom Whittaker 是一位截肢者，他于一九九八年成功攀登珠穆朗玛峰。

珠穆朗玛峰是世界三大高峰之一，第一位成功登顶的是新西兰人爱德蒙希拉瑞（Edmund Hillary），他于一九五三年五月写下这项纪录。而居住在乔治亚的LerSar kisor，于一九九九年五月十二日成为攀登该峰年纪最大的纪录保持者，他登顶时已是六十岁又一百六十一天。不过比起一九七一年，时年九十岁的杨森将军，领队登顶大霸尖山，创下台湾最高龄的登顶纪录，则又略逊一筹。

此外，第一位攀登各个大洲高峰的人，是加拿大的派屈克莫洛（Patrick Morrow），他在一九八六年五月七日完成了这项壮举。

二〇〇一年二月，林乙华、李美凉成功登上南美最高峰阿空加瓜峰，她们两人从台湾大学毕业开始，以七年的时间，累积了六次到海外攀登各大高山的经验，她们所花去的经费，足够在台湾买一栋别墅，但是她们不以此为图，独对登山乐此不疲。

其实，登山很好，但不一定非要征服外面有形的山，我们应该征服的是自己内心贡高我慢的高山。自我人格就是一座高山，如果他们能以同样的时间、金钱、毅力，去登学问之山，登爱心之山，一样能创造出对人间、对世界的贡献。

所以，登山不一定要去征服山岳，而要征服自己。登山要付出多少的辛苦、汗水，甚至于拿生命去换取成功，为什么不拿生命来登人格的高山呢？我们能够登道德之山、登慈悲之山、登智慧之山，才是最有意义的登山活动！

扁鹊所言有感

相传战国时代的魏文侯，曾问名医扁鹊说："你们兄弟三人都是名医，哪一位的医术最好呢？"扁鹊说："大哥最好，二哥次之，我又次之。"魏文侯说："为何你的名声最大呢？"扁鹊回答："我的长兄治病，善于在病情发作之前治疗，但是因为一般人不知道他能事先根除病因，所以他的名气无法传扬出去，只有我们家的人才知道；我的二哥为人治病，是在病情初起的时候，就能药到病除，然而一般人以为他只能治轻微的小病，所以他的名气也只传于乡里；而我治病，是治病于病情严重的时候，一般人都看到我在经脉上针灸放血、在皮肤上敷药动刀做大手术，以为我的医术高明，因此我的名气也就不胫而走，传遍全国了。"

从这一件事看来，世间上不是有名的人就是第一，也不是没有名的人就没有才能。过去草莽英雄、侠义之士，隐藏于乡野；中庸之人处于权贵社会之中。正如现在的社会，以貌取人，以学历取人，以人事背景取人，把人才局限在形式之间，导致多少的可用之才，被一些虚无的条件所埋没，因此经常会有"黄钟毁弃，瓦釜雷鸣"的情况发生。古人说："长使英雄泪满襟"，这不是没有道理的。

其实，世界上的名人，大都出身于穷乡僻壤之间，所谓"英雄不怕出身低"，每一个伟大人物，无不是从奋斗中而有成，汉高祖刘邦，本来也只是一个亭长，朱元璋也只是一名小沙弥，最后一登龙门，身价百倍。明朝的张献忠、李闯王，他们在"成者为王，败者为寇"的定律下，不但未能称皇称帝，而且在历史上更留下骂名，就太可惜了。

所以，人才要培养，韩愈因为有嫂嫂的照顾，后来得以跻身"唐宋八大家"之林，并且以"文起八代之衰"留名青史。因此，人，不能自弃，每一个人只要肯努力，所谓"西施宁久微"，只要自己有真才实学，何患不能扬名立万，不能建功于当代呢？

自我调适

人生的路上，当你走到前头无路，即将碰壁的时候，需要转弯；观念一转，可能就会"柳暗花明又一村"。吃东西的时候，太咸太淡、太酸太辣，如果懂得用一些配料加以调和，可能就会适合你的口味。

夫妻相处，偶尔也会有意见不同的时候，应该用尊重包容来调适；朋友往来，有时也会遇到思想不同，或者产生误会的时候，应该开诚布公地交流，互相调适。

有的人，所从事的职业赚钱容易，但也不能任意地花钱，要懂得节制，"有"时要想到"无"日时；有的人失业了，经济困难，也要能放低身段，用劳力来赚钱。能自我调适，安贫乐道的生活，日子也能过得安心自在，自得其乐。

失恋了，想到因缘不成熟，没有关系，"天上的星星千万颗，地上的人儿比星多，何必失恋痛苦只为他一个？"考试落榜了，想到一定是自己平时准备不够，没有关系，再多加一些努力，以待来年。

平时别人嫌我们傲慢，自己要调适个性，转为谦虚；别人嫌我们恨心重，我要调适自己，用慈悲心来与人和平相处；别人嫌我悭吝不舍，我要调适自己，用乐善好施来和人广结善缘；别人嫌我们怪癖，孤芳自赏，我要调适自己，用随缘来跟人交往。

任何事情，只要懂得转弯，自我调适，没有不能改变的。天气冷了，多加一件衣裳，就是自我调适气候的温度；肚子饿了，口渴了，需要饭菜饮食来调适身体的需要。能够自我调适的人，无论生活、感情、经济、处世，都能有另外一番的境界。

人，有时不会自我调适，遇到一点困难，就觉得到处行不通，被境界束缚得紧紧的，每天坐困愁城，在框框里不能解脱，这是人生最大的懦弱，也是最大的无知。

现在的各国政府，当外交遇到瓶颈的时候，就要重新调整外交政策，以适应外交新形式。经济萧条了，要找专家研究，调整经济方针，以便刺激市场，调适供需，带动经济繁荣。教育，也要不断地调整方案，在政策上做一些改革，以便随时代而进步；政治也在调适各种法律方案，应兴应革都希望能够适应民众的需要，让民众能够接受。

人，生活在复杂的社会里，需要有很大的功力，不管知识、道德、能力、人缘，什么都要具备，尤其"自我调适"的功夫，最为重要。朋友们，你对于自己所处的环境、所做的事业、所接触的朋友，这一切的一切，你是如何自我调适的呢？

见光死

　　社会上流行一句话"见光死"，意谓着一件事情还没有到达能公开的时候，就把消息透露出去，机密外泄，就是"见光死"。兹举其例如下：

　　一、民国初年中国对日抗战时，汪精卫准备投靠日本，他把计划告诉陶希圣，陶希圣躲过日本的监视，从越南到重庆，把消息告诉了蒋介石。汪精卫本来可以和日本谈条件，但因事机已经泄露，汪精卫不但没有条件可谈，而且非得投靠日本不可，这也是典型的"见光死"。

　　二、台湾的"八　晶圆西进"计划，在时机尚未成熟时，机密曝光，造成正反两面的意见分歧，喧腾一时。所以一件事不成，都是因为机密外泄，这就是"见光死"。

　　所谓"见光死"，就好像照相的底片曝光，就不能使用了；又如朝露遇到阳光，自然就会消失。一场球赛，球员以手势、暗号互通讯息，一旦让对方知道，就是"见光死"。

　　生活中,有些事情要摊开在阳光下,有些是不能曝光的,如情报、商业机密、人事的升迁、政治的权谋等,都要能沉得住气,才不会"见光死"。

大家乐

世界上有许多国家和地区都曾经发行公益彩券，美国有"乐透奖"；日本有"竞艇"；中国香港不但有"六合彩"，还有"跑马"，澳门有"赛狗"，内地有"体育彩券"等。

快乐，人人所求！人生在世，就是为了幸福快乐地生活。但是，幸福快乐处处求，究竟有几人真能幸福快乐呢？有人以"锦衣玉食"为乐，但是"病从口入"，不是可以吃出病来吗？有人以"名利财富"为乐，但是"爬得高，跌得重"，所以有人说"财去人安乐"！有人觉得"读书唱歌"最快乐，但是读书读成书呆子，唱歌唱得涕泪纵横，这岂能算是真正的快乐？

要得"大家乐"，必须社会安定，政治清明，人人有德，家庭和顺，兄友弟恭，朋友相敬，童叟无欺，相互有礼，才能"大家乐"。

世间上，有的人乐天知命，有的人乐于与人相处，有的人乐于工作，有的人乐于忧患。如我们经常说到的颜回先生："居陋巷，一箪食，一瓢饮，人不堪其忧，回也不改其乐。"他是最懂安贫乐道的人。

人总应该为快乐而生活。有的人以"财、色、名、食、睡"五欲为快乐之本；有的人觉得"有朋自远方来，不亦乐乎？"也有的人徜徉于山水之间，寻其快乐，所谓"仁者乐山，智者乐水"。有的人则是自觉青春年少，应该要及时行乐。

其实，不管什么快乐都不能长久，所谓"乐极生悲"，最好的快乐就是能"独乐乐，不如众乐乐"。乐群、乐善、乐施；乐于合群，乐于助人，把快乐分享大众，把快乐布满人间，这才是"大家乐"。

说到"大家乐"，父母应该要让全家的子女感到幸福快乐；国家从政者应该要让全民感到幸福快乐；宗教家也不要总是天天喊叫人生是苦，应该也要给信徒心灵上的幸福快乐；各行各业的领导者，要让其所领导的部下都能感到幸福快乐。让大家在生活里，做人处世，衣食住行，都能乐在其中，其乐融融，这个社会还不可爱吗？

我们要快乐，自己也要提倡乐趣，要乐群、要乐观。人人都能如此，这就如《阿弥陀经》的极乐世界，就能"大家乐"了。

耕

　　自古中国以农立国，与"耕"的关系密切。耕田、耕地、耕耘、耕种，什么都要靠耕，才有收成。

　　其实，不但是农业要靠"耕"，现在的人生也是要靠耕耘。从小出生之后，直至长大成人，他耕耘了多少知识的田地，收获了多少知识的花果，甚至还要向社会耕耘人情世故；你耕种了多少，社会自然会回馈给你相等的报酬。及至创业，更要靠辛勤的耕耘事业；士、农、工、商的成就，都是靠自己一铲一锄，慢慢地耕耘，才有收获。

　　人生需要耕耘的还有很多。文人要笔耕，也是靠辛勤爬格子，著书立说，用思想的花果，充实社会的芬芳；作家的果实，跟农夫的秋收，应该是同等的重要。

　　在政治上耕耘的人，可以做官；在学术上耕耘的人，可以教书；在人情上耕耘的人，能够让人称道他会做人，就已经很不容易了。

　　有的人把信仰说成是耕种福田，有的人把读书当作是耕种智慧之田。甚至有所谓"八福田中，看病第一福田"，所以医院、救济，各种的慈悲结缘，也靠人生耕耘、播种，才能有所收获。

　　讲到耕与田的关系，田有良田、莠田之分。好田，一亩地可以收获二千斤；不好的田，土地贫瘠，就是勤于耕种，收成也不高。所以佛教讲："供养一百个凡夫，不如供养一个善人；供养一千个善人，不如供养一个持五戒的人；供养一万个持五戒的人，不如供养一个须陀洹；供养百万个须陀洹，不如供养一个斯陀含；供养千万个斯陀含，不如供养一个阿那含；供养一亿个阿那含，不如供养一个阿罗汉；供养十亿个阿罗汉，不如供养一个辟支佛；供养一百亿个辟支佛，不如用佛法教义，救度自己今生的双亲；以佛法教诲亲人一千亿，不如供养一个佛陀。"可见得人生需要耕种、需要笔耕、需要耕耘。我们算一算，什么样的耕种，才合乎成本呢？

　　"一分耕耘，一分收获"，很多人耕种外面的世界，不知耕耘内在的心田；心田里的宝藏丰富，为什么不耕种呢？

　　古云："书中自有黄金屋，书中自有颜如玉"；今说："田中自有黄粱粟，田中自有万钟谷。"其实用这种世间上利诱的方法耕种，毕竟还是小小的收成，假如能像禅门的禅师们耕种无心之田，他们的收获就更加丰富、圆满了。

毒蛇喻

　　世界上，有很多难懂的事情，总得举个比喻，让人容易明白。

　　毒蛇自古以来就被人拿来作为邪恶的比喻，例如美丽的女人蛊惑世人，被形容是"蛇蝎美人"；人为财死，见不得别人有钱，就说"黄金是毒蛇"；也有人说，人心邪恶如毒蛇，甚至说，人心不足蛇吞象。

　　其实，毒蛇本无伤人之意，只因遭受人类的侵犯而反击，只要人不去触扰它，它也不会主动地攻击人。金钱本来也无善恶，黄金其实也可以用来救人，但是因为有人过于贪求，于是金钱便如毒蛇般，会令人丧身失命。

　　实在说来，黄金在一个正人君子之前，根本不是毒蛇；毒蛇在一个善良的人之前，也只是一只正常的爬虫类，与人无害。世间上的善与恶，毒与不毒，都是互相对待的。人说狮子老虎凶猛吃人，应该置之死地而后快；但站在狮虎的立场来讲，人类侵犯狮虎的生存空间，狮虎也要把人类除之而后快。

生命本来是平等的，你不尊重别人、珍爱别人，别人对你当然就会有对等的毒害之心。毒蛇的毒，只是用来保卫自己，并不是为了用来毒害他人。人与蛇是两个圈子的动物，可是人不肯分一点空间让蛇生存，甚至还到处捕蛇当成补品，捕蛇作为药材，所以毒蛇为了保卫生命，不得不以毒作为自我的防卫了。就如美丽的女人，本来色不迷人人自迷，如果你不想勾引女人，不想占女人的便宜，即使是女人如蛇蝎，又能奈我何呢？

有人说：黄金如毒蛇，其实有了黄金，可以造福社会，修桥补路，可以为人间做许多善事；但是如果你用黄金去贩卖毒品，去做走私的勾当，或是以财势欺压善良，甚至用金钱去做不法的事业，到了东窗事发时，又怎么能怪黄金不好呢？

毒蛇是不可怕的，自我内心的自私，其实比毒蛇更为可怕喔！

落幕之后

一个执政的政党、政权，到了下台的时候，就是落幕了；一场戏剧，当演出结束谢幕之后，就要落幕了；当一个机关、团体、学校、工厂，关闭的时候，就是落幕了；当一个人轰轰烈烈的一生，到最后归去来兮的时候，也正是人生落幕的时候了。

落幕之后，有多少的辛酸，有多少的内情，又有多少的欢喜、多少的歌颂、多少的赞美，在落幕的一刹那间，无限时空的经历，都会随着落幕齐集而来，只有酸甜苦辣才可以形容落幕之后的情境。

当落幕之后，自己要懂得重新规划人生。红叶棒球队落幕之后，球队解散了，有的人继续在棒球场上努力，有的人转行，另谋出路。

孙运璇先生与李国鼎先生，当他们的政治生涯落幕之后，他们还是在经济的领域里，继续做智慧的传承。演艺界不少女影星、歌星，当她们的演艺生涯落幕之后，洗净铅华，嫁做人妇，由绚烂归于平淡，但她们又在人生的另一个舞台上，找到了演出的空间。

人生就是一个舞台，幕前的表演，事前要做种种的练习，上台时也要尽力表现；当落幕之后，能够给人怀念，表示自己的演出成功。就如在戏剧舞台上，有时一个表演，几十年后仍然让人回味无穷，如"梁山伯与祝英台"；但也有的时候，一部片子才刚上演，不过几日便草草下档了。

落幕之后，就不再站在台面上了，所以要甘于寂寞；有的人虽然落幕之后，还有人对他怀念，如邓丽君，至今依然活在歌迷的心中；有的人落幕不久，就销声匿迹了。

自古的圣贤、仁人志士，为人永远怀念，永不落幕；宗教的教主有人信仰，他们也是永不落幕。落幕之后，最能体验世情冷暖；落幕之后，虽然光辉归于平淡，仍要提起信心，重整人生，好好规划自己，是要重新再出发呢？还是转行另谋他途呢？落幕之后，每个人都应该为自己的人生再谋一个出路，才有前途。

重新估定价值

同样的一句话，这个人说和那个人说，价值就是不一样；同样的一栋房子，建在都市和建在乡村，价值也有所不同；同样的一颗钻石，在平时和战时，其价值更有天壤之别。

每一个人的思想里，价值观不同，有的人觉得名誉比生命重要，有的人把金钱看得比生命重要；有的人宁可失去生命，也要维护做人的尊严；有的人认为尊严能值多少钱？现实的生命比较重要。

由于每个人的价值观不同，于是产生许多不同的人物、不同的思想、不同的认知、不同的取舍。例如：政治家认为，大丈夫可以无钱，不能没有权；企业家可以没有朋友，不能不维护权益；宗教家宁可散尽钱财及物质所有，他只要拥有真理、慈悲、智慧就好。

妇女认为瘦身苗条，追求流行的服装最有价值；军人只要三餐吃饱，有力气为国家尽忠效命，就是人生的价值；教师以春风化雨，教育英才为人生最大的价值；工人以生产报国，安居乐业为生命的价值所在。

其实，价值因时、因地、因人而异。在太平时期，民间生产过剩，稻粮米谷，所谓"价廉伤农"；可是一旦发生饥荒，一饭难求，易子而食，所以价值是很难逆料的。

价值，有的人以团体的利益为前提，有的人以个人的所得为优先，有的人以明哲保身为要务，有的人以牺牲奉献为崇高，有的人以利益得失为考量，有的人以正义是非论价值。贪生怕死的人，以活着为价值；见义勇为的人，以舍命为价值，所以我们不得不重新估定自己的价值。

据说康熙皇帝把所爱的十三子禁闭十年，后来得以辅佐雍正即位；康熙以囚禁创造了十三子的价值。唐太宗李世民，以玄武门之变，杀兄夺位，他认为这是他对国家民族应负的责任。

一个人的人格、道德、信仰，假如轻易地就被金钱所影响，他的人生就是以金钱为估定价值的标准；一个人的思想、信念、原则，如果在爱情里能被左右，他的生命就是以爱情为评论价值的取向。

人，要重新估定价值，国家也要重新估定价值。评估一个国家，不是看他的土地大小、人口多少、经济贫富，因为这些都是外在的，我们应该评估的是道德力、精神力、智慧力，这才是无形的价值。

下一盘棋，车、马、炮最有力量，最有价值。但是一盘棋最后的输赢，有时却决定在一个小兵小卒之上，所以小兵小卒的价值，也不容你小视。

价值不是一时的，要有未来性；价值不是光看表面的，要有内在潜力。在人生的棋盘上，怎样创造自己的价值，怎样营造生命的光辉，就有待我们重新估定价值了。

沉潜

在我们的社会团体，乃至生活周遭里，常见一些大器晚成的人，经过时间的沉潜，一飞冲天，鹏程万里。这正是说明，一个人的成长需要经过岁月的熬炼，就如松柏也需要经过霜雪严寒的洗礼，才能成长得更为蓊郁葱茏。

沉潜就是为了蓄势待发，沉潜就是为了等待因缘。鲸豚沉潜于大海，幽兰深藏于山谷，能够经得起沉潜的人，才会有更高的成就。正如一年的树木只能当柴烧，十年的树木可以制成椅凳橱柜，百年的树木才能成为栋梁。

自古以来，一般的读书人都非常讲究沉潜，他们不急于出仕，重在涵容养量，以期大器晚成。所谓"十年寒窗无人问，一举成名天下知"，这都是经过了沉潜，才能散播自己的盛德清香。

佛教的高僧大德，更是隐于山林，陆沉于大众之中。像净土宗的慧远大师，三十年不出庐山；像南阳慧忠国师，四十年安居一处；像道楷禅师虽受政要宴请，一时不便回绝，但当已经允诺的约会到期时，他毅然留诗出走。诗曰："昨日相约今日期，临行之时细思维；为僧只宜山中住，国士宴中甚不宜。"古德们的高风亮节，他们对沉潜的功力，就是如此深厚。

懂得沉潜的人，都是真人不露相。所谓"不鸣则已，一鸣惊人。"因此高手不必急于展露锋芒。能够养深积厚，不轻易显露光华，才是沉潜的高手。雍正皇帝的官邸名为"潜邸"；孔明先生沉潜于隆中，世称"卧龙"。朱元璋沉潜于寺院，经过沙弥生活的磨炼，才有开创大明江山的能量；六祖惠能大师沉潜于猎人群中，十五年的岁月之后，才能成为中华文化之光。

总之，中国古代多少的君子圣贤，隐于山林；佛教里许多发菩提心的菩萨，隐于禅寺。如：日本的滴水和尚沉潜于乞丐群中；印度八世纪的寂天菩萨沉潜于那烂陀寺，最后终于成为一代高僧；中国的香岩智闲禅师，经过一番沉潜后，"动容扬古道"，佛法都能写在脸上。

因此，虽然人生光阴苦短，我们也不一定都要隐居山野，陆沉林泉，像现在的神童、天才，能够早期展现才华，贡献社会，服务人群，并无不可，也非不好。只是树上的果实尚未成熟，不可轻易采撷；母鸡孵蛋，尚未孵熟，不可妄自一啄。早熟的动植物和早成的人生，争取时间发挥所能，固然很好；但是当因缘条件尚未成熟时，能够自我沉潜，以待因缘，也不见得没有未来！

想象力

　　想象力是人类与生俱来的本能，也是人间进步的动力，人如果没有想象力，世界必然一片空白，人生将会无限的单调乏味。所以，人从儿童时期开始，就要给小孩子一些想象力的教育；到了青年，要让他们去创造、实践自己的想象力。即使在想象中碰壁，也无所谓，因为有想象才有事实，有想象才能成功。

　　想象力往往来自于现实事相的启发，例如莱特兄弟看到鸟飞，因此创造发明飞机，这就是想象力；禅师看到花开花落，就能见到无常苦空而悟道，这也是想象力。牛顿看到苹果掉落地上而发现地心引力，如果没有想象力，即使整树的苹果掉光，他也无所感，无从发现，所以创造就是要靠想象力。

　　人类登陆月球，也是要靠想象力；因为想象力，阿姆斯特朗的一小步，终于开启了人类的一大步，也因此让人认识月球的真正面目。

印象派的画家，靠想象力成就许多名画，可惜一般人大都看不懂，这就必须赏画的人也要有想象力，才能欣赏。男女谈情说爱，结交笔友、网友，也是靠想象力；一旦约会见面，幻想破灭，不堪想象。

最富有想象力的人，就是小孩子和诗人。甚至文学家、小说家写的科幻小说、侦探小说，尤其要有丰富的想象力。古今中外的童话故事，如爱丽丝梦游仙境、白雪公主、哈利波特、桃太郎、西游记、夸父追日、嫦娥奔月、月下老人，乃至陶渊明的《桃花源记》，以及古人的"画饼充饥"、"望梅止渴"、现代网络上的"虚拟世界"等，都是发挥想象力的结果。

科学家发明许多东西，都是靠想象力。但是"大胆想象"，也要"小心求证"。现代人都极富想象力，所以小说、电影的结局，往往留给人一个想象的空间，让观众自己编写结局，发挥想象力，从戏剧中实现自己的梦想。

人因为有梦想而伟大，梦想也是想象力；有想象力，人生才会多彩多姿。

上台下台

人的一生当中，不管扮演什么角色，都有几次上台下台的经验，就像一场京剧，都有不断地上台下台。人生的数十寒暑，就是在上台下台当中，匆匆过去了。

上台下台，有上有下，这表示自然。新婚的男女，走上了人生的舞台，甚至一些青年，成年礼后，他也要步上人生的舞台。教师，为了教书，上课时要准备上台，教过书后，下了课也要准备下台；音乐家上台唱歌，一曲过后，他也要下台；政治家，上台以后，也要有下台的准备。人生要能上能下，日子才能安然。

北一女中的校长，卸任后，又从台下的学生做起，继续进修，最后拿到博士学位；邓小平也曾三下三上，最后成为改革开放的总设计师。

人的一生，不一定上台就好，有时候在台上会赢得万千掌声，有时也会遭遇嘘声一片。总之，一个人上台，要能为全场观众所接受，带给他们的不但是欢笑，也要能让他们满足，才不辜负上台。如果上台表演不好，当然这台也就不容易上去了。

所以，当上台就上台，当下台就下台，不要勉强上台。在台上，就要会表演；在台下，也需要先排练预备。有的人，种种的辛苦，希望能上台；在台前的人，也未必能获得观众的喝彩。有的人在台下幕后，他虽然没有上台；不在台前，一样可以为国家社会做出贡献。

有的人上台时间虽短，却为自己、为人类写下悠远的历史；但也有的人尸位素餐，在台上数十年，一无所成，很快就随着时间消失了。

过去有的人拼命冒险奋斗，要争做皇帝；但做了皇帝后的顺治，又羡慕台下的平民。现在每次选举过后，都是几家欢乐几家愁？其实我们应该像中国的哲学所说的那样"胜之不骄，败之不馁"、"得之不喜，失之不悲"；既然有上台下台，就要把上下、得失之间，看得平淡，如此才有资格时而上台，时而下台。

人生就像一个舞台，出生了，就是上台；世缘已了，终要下台。"何必争强来斗胜，百千浑是戏文场；顷刻一声锣鼓歇，不知何处是家乡？"人生的鞭炮、掌声、锣鼓声，都是上台下台的配乐，都在诉说上台下台的无常，假如这些声音顷刻间都消失了，人生的舞台又在哪里呢？

所以，希望现在一些上台下台的人，不要太介意，不必上台就鸣炮，下台就悲伤痛苦。人生最好不要把上台下台太记挂在心里，能够对社会立功、立德、立言，即使人生的声容笑貌不在舞台上出现了，但你的功德常留人间，继续影响人间，其功德也不可谓不大。

手足

《三国演义》中，常山赵子龙在长坂坡"单骑救主"，他怀里抱着刘备的儿子阿斗，勇战百万曹军。当长坂坡一战结束后，赵子龙从怀中抱出幼主，刘备接过后生气地将他朝地下一摔，说道："为了你，几乎牺牲我一员大将。"此时其他大臣纷纷上前相劝："幼主安全，岂可等闲？"刘备说："子龙为我兄弟，妻子如衣服；衣服坏可以换，手足断，不可接。"可见兄弟手足之情，关系何等重要。

古语说："打虎不离亲兄弟，上阵不离父子兵"，都是说明兄弟手足的感情。所谓"兄弟同心，其利断金"，足能走，手能做，光走不做，不能发挥力量，所以手足在一起，相依为命，可以发挥人生很大的力量。

然而，眼看现代的人，为了利害，兄弟不和，吵架分家；兄弟情分不顾，手足没有团结的力量，如何能有成就呢？

"兄弟阋墙是父母的伤痛，夫妻不和是儿女的不幸"，所以一家人要有伦常，父慈子孝，父母相亲，尤其兄弟姊妹，如手足一般，更应该彼此互助；如果身体上的手足残缺了，一个人的一生还能发挥大的力量吗？所以，过去曹子建在曹丕情逼之下，他不禁吟诗道："煮豆燃豆萁，豆在釜中泣；本是同根生，相煎何太急？"此诗一出，就是权欲熏心的曹丕，在弟弟这首情文并茂的七步诗之下，也不禁感动得放曹植一马。

自古以来，有多少人家中兄弟很多，彼此不和；有的人家里没有手足，在外结拜异姓兄弟，反而相亲相爱，互助成事。也有的人家中只有一男或是一女，没有兄弟，如西晋的李密既无伯叔，终鲜兄弟，不禁感叹说："内无应门五尺之童，外无期功强近之亲。"他连自己想要离家为国报效，都不能满愿，那也是很凄凉无奈的事。

商朝的伯夷、叔齐，互让王位，成就兄弟之情；春秋时吴国的季札，为了不愿僭越，三让王位于兄长，最后成为全国人所尊敬的国中大老，比坐上皇位更为可贵。由以上观之，兄弟手足之情，可不贵乎！

克难

数十年前，台湾地区曾经推行过"克难运动"，整个社会一时风起云涌，响应克难运动。想当初的克难运动，对数十年后的台湾经济起飞，也不是没有因缘。

四五十年代的克难运动，产生了许多的克难英雄、克难球队、克难住家、克难乐队，整个社会都充满了克难、俭朴的风气。

其实，自古的先民，哪一个阶层不都是靠着克难的精神来开创未来。结茅为屋，不是克难吗？野果为食，不是克难吗？以兽皮为衣，不是克难吗？以徒步代车，不是克难吗？造桥要克难，铺路要克难，甚至战争没有武器，用锄头、钉耙，都可以作战。

所以，当时的人，从小出生之后，克难的童年，克难的婚礼，克难的读书求知，克难的耕种生活，克难的郊游，克难的娱乐。甚至于生病了，只要喝喝开水、洗个热水澡、晒个太阳、喝碗姜汤，作为克难的医疗。

　　想到古代王羲之用树枝代笔练字，怀素用芭蕉叶代纸写书法，匡衡凿壁偷光读书，苏秦悬梁刺股励志，他们在克难的生活中刻苦努力，终能出人头地。甚至近代的红叶棒球队，用石头当棒球、用树枝当球棒，他们赤脚打棒球，竟也能登上世界冠军的宝座。

　　现在的社会，尤其这几年来已没有克难的精神了，选手集训，还没有开始训练，就先要求有汽车、有冷气、有营养餐等，先把休息、享受的条件讲在前面。现在的工作，也都是先讲待遇多少、休假的时间多少，从不提倡克难的精神，工作怎么能做得好呢？

　　古代的人，一个信封用过了，反面可以再用；纸张写过字了，反面可以再写。衣服破了再补，家具坏了再修，甚至自己理发、自己裁衣、自己煮饭、自己当管家仆人，都是靠自己来。想起当初因为有这种克难精神，社会怎么会不进步呢？现在的人，讲究名牌、讲究享受、讲究排场，虽然现在的经济发展，物用丰富，但在经济优裕的时期，也要有对等地发挥克难精神，否则"由俭入奢易"，一旦经济萧条了，再要由奢入俭，那可就难了。

　　人，要有忧患意识，要懂得未雨绸缪，尤其要有克难精神，如此，尽管人生路上风雨飘摇，任何苦难，都能安然度过。希望我们的社会，能让"克难"的精神再度复活！

流转

　　曾经风靡社会的一首歌曲《一江春水向东流》，水流到哪里去了呢? 东流的水又会再回来!

　　所谓流转，就是轮回的意思。生命如水，不会死亡，只有流转，天上、人间，甚至地狱、畜生，依着各人的福报因缘、业力行为，在生死海中流转。

　　一般的人只是顺流而下，修行的人可以逆流而上。有时在生死大海里流转，会遭遇灭顶; 只要努力，也可升浮。流水有急流、有清流、有浊流、有乱流、有瀑流，甚至还有暖流、寒流，我们在流转中怎样适应、怎样挣扎、怎样脱流而出呢?

　　现在的社会，人欲横流，我们必须要能投鞭断流，要做一个明哲保身的人; 我们可以从善如流，但不能随波逐流。因为随流，才会清净，才有进步; 没有流转，死水一潭，也会腐臭。

　　甚至于金钱、名位、人事，都应该有各种的清流，在清流中，才能生生不息。你看，有很多名利双收的人，急流勇退; 有的人种种辛苦，力争上流。也有的人在社会上付出一生的岁月，种种的积聚，到最后因"五家"的关系，付诸东流！

流，即代表人生，如军旅之流、商贾之流、女辈之流、三教九流，什么流都可以，但不能成为地痞流氓的人中下流。人尽管怎么流转，都要懂得回家，千万不要流离失所、流浪街头，成为游民，成为流浪汉，那就不成其流了！

人生之流，说话通顺，叫做流利；参加团体，不为人尊重，叫做流派；女士总喜欢名牌、流行之物。但有的时候，政治人物流失人心；妇女怀孕流产，那就是不好的流转了。

空气要回流，才能常保清新；人身的血脉要畅通，才能永保健康。一个国家的货物要畅流，就能经济发达；交通要畅通，就能带动地方繁荣。人与人之间的感情也要通畅顺流，才能和平；家里如果每个人的意见互不能通，财物也不流动，则距离失败衰微也就不远了。

水不流，人流；山不转，路转。我们在茫茫的人海之流里，我们的航道，我们航行的目标，实在都需要入流。像现在的人才外流、经济外流，也等于一江春水向东流。东流的水能够再回来吗？真是无语问苍天！

山和海

　　"仁者乐山，智者乐水。"有钱的人不是住在山上，就是住在海边，所以山和海与人的生活、财富、休闲，都有着很密切的关系。

　　有的人喜欢高山，因为山可以登高远眺，因为山上有树木林荫，因为山上有金银宝藏，因为山上有各种飞禽走兽。还有的人不惜一切，为了登山，赔上了生命。

　　当然，高山也孕育人的道德、品格、修养、意志，因此一般人常常比喻、赞美他人的人格，就说"有如山高"。

　　喜欢高山的人固然不少，但也有人喜欢大海。海边一望无际，可以漫步休闲，可以观望游鱼海鸥，甚至可以到海底取宝，采收珊瑚，挖掘能源。更有甚者，有的人不惜一切冒险航海，固然有人发现新大陆、新海岛，但也有不少人赔上了生命，也在所不惜。

　　地球上什么最大、最多、最高、最深？就是山与海。唐诗有说："三山六水一分田"，山占据全地球的十分之三，水占了十分之六，可见留给人类的平地，只是十分之一而已。

靠山吃饭的人，以森林、山产，甚至打猎生活；靠海吃饭的人，从事制盐、海产，甚至捕鱼为生。曾经有一段时期，高雄的人反对靠山维生的屏东人捕抓伯劳鸟，屏东人则抗议说："你们靠海吃饭，可以捕捞乌鱼，为什么我们不能捕捉伯劳鸟靠山维生呢？"

山和海都是变幻莫测、变化无穷。高山能成就人生，也能毁灭人生；大海能成就财富，也能毁灭生命。所以有人赞叹父母的恩惠比山还高，比海还深，说明父母之恩难以报答，就等于高山和海洋，难以征服。

山高，高处不胜寒；海深，深底不好行。高山大海，犹如人生的起伏，我们在山海之间，究竟如何平衡人间的生活呢？

山和海虽然可以休闲、游憩，但终不是长居之处。人应该要在通衢大邑，甚至于十里洋场与群众合流，共同创造社会的利益，偶而以山海度假则可，不能以山海久居。山海虽然有仁、有智，但是我们的国家、社会还需要有许许多多的勇者啊！

养分

　　我们生存在宇宙之间，要靠养分才能存活；举凡天地万物，可以说都是在养分的供给下生存。例如：雨露是花草的养分，饲料是猫狗的养分，海水是鱼虾的养分，空气是万有的养分，父母是孩子的养分，衣食是我们生活的养分，读书则是人格健全的养分。

　　地球上的一切生物，都是要靠养分才能滋长，如果失去养分，任何生命都无法存在。过去农家养猪养鸡，豪门可以养士，圣贤可以养众，政通人和可以养民。

　　养分者，养身之本也。世间万法，都是相互为用，彼此同体共生。人的生存，要靠许多因缘成就，提供养分。例如：老师供应我们知识的养分，农夫供应我们粮食的养分，工人供应我们物用的养分。人，到了老年，除了靠儿女给予父母长者的养分以外，国家社会尤其应该对颐养天年的老人给予尊重的养分。如《礼记》说："五十养于乡，六十养于国，七十养于学。"老人到了没有养分的时候，如何安度晚年的岁月呢？

工人训练要养成，公务人员的储备更要养成。我们要求生命久长，必须注重养成。哪个个人能注重养成，则个人会健全；哪个团体注重育养人才，则团体会兴旺。

但是，人也不一定要养聪明，有时候也要养拙。所以有了外缘给我们的养分之后，更要懂得养精蓄锐，充实自己；养深积厚，普利世人。也就是说，人有了养分之后，自己应该保养心灵，才有健全的身心。包括：清心寡欲可以养心，宁静致远可以养志，怡情适性可以养和。甚而人类靠天地万有给我们的养分，让我们养望、养廉、养气、养德、养量。

所以，养分并非只是养身，而应注重养心、养性；心性的滋养，就是要有仁义道德。我们的身体每天要吃几碗饭才能得到足够的营养，我们的心灵每天也要靠多少仁义道德的滋养，才能让心性获得充足的养分。

蚂蚁储粮，蜜蜂酿蜜，都是为了储蓄养分。人在世间不把养分储备充足，不把自己完成，未来的岁月便叫人挂念。因此，储粮养身，储德养性。试问：我们道德的养分，究竟储存了多少呢？

边缘人物

　　一个团体、一个事业、一个政党，都有核心的干部，但也有很多的边缘人物。甚至于情报单位，有一些情报员，都养了许多线民，这些线民都是边缘人物。

　　学校里，代课老师、兼职教员，因为不在编制之内，就是教育界的边缘人物。边缘人物，没有获得社会的认同，没有获得照顾。像东汉时，汉光武的朋友严子陵，他就是政治上的边缘人物；现代很多的企业家，身边都有很多不为人知的边缘人物。

　　我们看到一部电影、一出戏剧，都有很多的临时演员、替身、捡场等串场人物，那许多的边缘人物看起来好像不重要，实际上缺少他们，这部戏又怎么能演得下去呢？像京戏中有跑龙套、摇旗呐喊的角色，看起来好像都是一些不起眼的人物，如果戏剧中缺少这些边缘人物，则红花虽好，没有绿叶搭配，又怎么能圆满这一台戏呢？

所谓边缘人物，就是没有被认同到核心里，没有被认同其重要。边缘人物有的是不被团体重视、排斥，有的是自己离开团体，不认同这个机构，不认同这个政权，不认同这个国家，自我放逐，冷眼旁观，自愿做一个边缘人物，这样的人也不在少数。

家庭中，跷家的孩子，就是家庭的边缘人物。家族有家族的边缘人物，国家也有国家的边缘人物，不认同自己的国家，羡慕另外的国家，又没有国籍，他只能算是自己国家的边缘人物。

由此而推，政治上有很多的政治边缘人物，宗教里也有很多宗教的边缘人物；文人学者，有学问但没有著书立说，他只能算是学界的边缘人物。边缘人物的内心是非常的无奈，甚至有一些是非常的痛苦。不过我们温暖的人间，应该扩大胸怀，多关心一些这类的边缘人物。

在佛教里说，人去世以后，在转世之前，不知投身何道，有个中阴身，在色空之中，漂浮在时空里，这个中阴身就是边缘的生命。所以，有人要诵经超度，都希望赶快从边缘人物，能够找到一个真实的身份，有个真实的生命，也就是宝贵生命的未来。

系列服务

　　系列服务是现代人在事业上、工作中，所创造出来的一个新名词，如饭店从订房间到交通、机票的订购，甚至订报纸、买杂志，都会系列地为你设想；医院里，从看病，检查、治疗、住院，到复健，也有一系列的追踪服务；学习语言，从上课到出国游学，也强调一系列的服务；餐饮店，从用餐到饭后水果、甜点，也讲究一系列的周全服务。

　　买汽车，也讲究售后的零件保养修护；搭乘飞机，空航人员，也注重系列服务；到银行、会计室、事务处，从存款到转账、缴税，都有一系列的服务；电器保养公司，也有从复印机到传真机、打印机的系列保养；又有打扫公司，从清洁地板到花园除草、种花等，都是整体包办。

　　系列服务是社会一项进步的文化，数十年前，为了迁移户口，到乡镇公所办理，如果没有劳烦你从家里来回三五趟，是无法办成户口的转移；出国一趟，首先要找一位保证人，还要到银行结汇，没有花上一两个月的时间，休想办好出国手续。现在旅行社，只要你一通电话，就会有一系列的服务，连出国所需的衣物、携带的物品，都会为你做一系列的关怀与设想。

现在商业，讲究售后服务，产品买进卖出的过程，都会公开集会说明；甚至于警察要抓犯人，也要检察官开搜索票、联合里长，才能逮捕犯人；买卖房子，建筑商也会为你做一系列的估价服务；尤其是出版界，讲究大规模的出版系列服务，如地理书籍，有世界地理全书；历史，有世界历史全集；文学，有世界文学总览；世界著名小说汇编，以及哲学大全、科学全书、健康咨商总集等，无论什么天文地理的书籍，都是一系列地推出，方便购买者所需。

所谓系列服务，有的是在时间上，为你保固；有的是在空间上，为你保养。系列服务，是现代人类的文明贡献，是竞争力的发扬，也是现代在管理学上的成就。

从士、农、工、商生活的系列服务外，我们每个人，对自我的照顾，也要有系列的服务：人要有知识；有知识不够，还要有道德；有道德之外，还要有人缘。就如有人重视饮食的保养，但不能忽略了每天的体能运动，除此之外，还要重视皮肤的保养，以及内脏的调和。

除了对自己有系列服务外，对家人、朋友、社会、国家都要有系列服务的关怀，因为这是一个系列服务的时代！

迷路

人从懂事，订立人生的目标后，要想达到这个目标，有很多不同的方法。如搭飞机、坐火车、乘汽车以及走路，都能到达目的地。人生的目标也是如此，不管搭乘什么交通工具，一定会达到目标，只是花费时间长短的不同而已，但是，如果迷路了，就不能达到目标。

这世间，让我们迷路的原因有：天气恶化、地形复杂、黑暗、迷惑、诱惑、恐惧、受伤、障碍、胆小以及高山河流的阻碍。外面的迷路好处理，只要结伴、问路、罗盘等，都能让我们不致迷路。但是心理、思想上的迷路，是最难获救的，如执着、愚痴、幻想、无明、误判，都是让我们迷失人生道路的原因。

登山的人不怕山高，也不怕气候的寒热，就怕迷路；航海的人不怕大海宽广，也不怕风浪巨大，最怕的就是迷失方向；飞行的人，不怕黑暗，也不怕路途遥远，就怕导航错误。

现代的年轻人，因为贪恋沿路的风光、懒惰不精进、发脾气、闹意见、迷恋爱情，而迷失了自己的目标与前途；中年人，也会因朋友不义，交友不慎，被朋友信用所拖累，而失去了事业与财富；年老的人，到哪里去养老？养老的费用在何方？以及找不到自己的归处，而失去了后半辈子的方向，甚至不知何去何从！

唐玄奘靠定力，才没有在八十里流沙中迷失自己；哥伦布靠着勇敢与信心，才能发现新大陆；汉朝使节张骞，因为自己的毅力，才能造就历史闻名的丝绸之路；荷兰人以他们的智慧，才能与海争陆。

你怕迷路吗？你要准备一张地图，地图是谁？是老师、善知识与长辈，因为他们是识途老马，他们能指引你走向正确的道路；你怕迷路吗？指南针会为你指引方向；你怕迷路吗？历史真理，会帮你辨明正邪之路；你怕迷路吗？点亮心里的灯光，可以照亮人生的道路；你怕迷路吗？信仰、正见、勇敢、预备、健康、体力、节操，都可以带领你走向正途；你怕迷路吗？你要了解高山地理、河川险峻的知识，才能避开歧路险道，你还要与人广结善缘，如此就算迷路了，才有人帮你指引，让你能回到原点。

佛陀说："我如善导，导人善道，行与不行，过不在导。"所以天下迷路者要知道；父母、师长和社会显达，都已为我们开辟了人生的道路，我们不要让自己迷失在道路上！

补强

  补强，无论是国家、社会、家庭、个人都需要补强；政治、经济、社会教育等，也要补强；房子年久了，也要装修补强；桥梁道路久了也要补强；树木花草需要浇水、施肥补强；水沟渠道要常清洗、除垢补强；房屋要空气的流通、阳光的照射补强；花草果树要灌溉、除草补强；台风来袭，把门窗钉牢是补强；房屋加强材料的巩固，是预防地震的补强。

  训练耐力也是补强，汽车的引擎，马力不足要补强，飞机的航道路程也要补强才安全；企业服务要补强，生意才会更好；主管与属下的沟通要补强，才能达成共识；计算机接口设备要升级要补强，才能将文件处理得更迅速；录像要打灯光、人要上妆，才能更上镜头。

  我们要读书，补强智慧；我们要有修养，补强气质；我们要有善知识，补强道德；我们要运动，补强体力；我们要参加社会公益活动，补强人缘；我们要拜访亲朋好友，补强人际关系。眼睛退化要戴眼镜，补强自己的视力；牙齿动摇了，要做假牙，补强它的功用；我们发心、勤劳，为了补强我们的服务、耐力；我们要勇敢奋斗，补强自己的乐观进取。

社会人才不够，需要补强教育；奖励社会的好人好事，是补强社会的善美；给予宗教的支柱，是补强人心的净化。

大家要生产，补强经济成长；像现在的读书会，是文化的补强；弘法布教、三好运动、七诫运动，是社会人心的补强。

现在的媒体为人诟病，因为都没有补强人心，反而腐蚀了人心，媒体环保日，就是为了要补强社会的净化。

医疗进步，可以补强人的健康；政治的清明补强社会的安定；人人做警察补强社会的秩序；农工勤奋工作，补强生产的不足；空中大学，就是补强社会教育的不足；提倡终身学习，是补强年轻时的学习不足；参加国际比赛，把选手集中在一起，加强训练，是补强平时的训练不足够；菩提眷属的举办是补强婚姻的粘力。

有的人要吃维他命、打针、吃补药补强体力；理发、洗澡、吃饭，是补强身体的健康；睡眠也是恢复体力的补强；世界贸易的互通，也是补强经济的流通。

俗语说"平时不烧香，临时抱佛脚"，这不是好的补强方法，补强要在平时保养、爱护、准备，才能获得好的成效。

人间的迷信

世界上，人类对很多不可知的事物的认识，常被神权所左右，而产生了迷信。人们除了对数字的迷信之外，也有对时间、地理的迷信，以及对颜色、语言的迷信。可见无论科技如何进步，人类如何聪明，都难以逃出迷信的框框。

有的人建筑房屋、经营生意买卖，迷信地理风水。但我们常见在同一条街上、同一排的房子中，有的人生意兴隆，有的人门可罗雀，有的人成为富商，有的人却关门倒闭，这不就是说：兴衰、财富与地理方向没有必然的关系吗？

也有一些人，迷信良辰吉日，在破土、建筑、动工时，都要看时辰，以祈求事事顺利、生意兴隆。但是，现代人的婚丧喜庆，都会选在星期六、星期日举行，以便亲朋好友方便参加，难道就不能吉祥如意吗？也有的人喜欢红色，忌讳白色，但是现代人的结婚礼服，都是以白纱表示神圣、纯洁，这难道就注定了不吉利吗？

逆境，是磨炼意志的大洪炉；
困苦，是完成人格的增上缘；
信心，是到达目标的原动力；
理想，是建设人生的指南针。

人生，不惧艰辛，要攀峰越岭；
人生，不怕疲累，要跋山涉水；
人生，不惜身命，要出生入死；
人生，不计危难，要赴汤蹈火。

有的人喜欢算紫微、八字，迷信这个人是扫把星，迷信那个人的八字与人相冲。但是在同一个团体里，各色人等都有，难道会因为有不同的八字，此团体就不能和合相处了吗？人们忌讳他人提到病，提到死，提到苦，因为病、死、苦都是不吉利的，难道人们忌讳说病、死、苦，人世间就会没有病、死、苦吗？其实病、死、苦都是人间实相，本来如此啊！

在特定的时间、场所里，人们更不能说出某些忌讳的言词。例如：过年时，不能说"完了"、"死了"、"倒霉"等不吉利的话，也不能扫地、拿剪刀、吃稀饭（表示永远贫穷）；在丧家、医院、监狱里，不能说"再见"、"再来"等话语；七月份不能结婚、出殡、搬家、买车子等；送礼给朋友，也忌讳送伞（散）、送手帕（表示分离）；甚至于吃梨，也不能与人分吃，因取其谐音为"分离"的意思。其实这一切，都是人们庸人自扰、担心厄事降临，以及过分趋吉避凶的心理作用。

日本人送礼喜欢送钟，因为"钟"与"钱"同音，表示兴旺、进财之意；在中国，却忌讳送钟，因为有"送终"的谐音。在中国代表着不吉利的乌鸦；在美国、日本却是喜鹊，由此可知，吉利、不吉利，都是人们自我设想、自我束缚的名词。

其实，周遭一切的好坏，与颜色、方位、数字无关，好与不好都是业的因缘，想获得好的结果，必须要有好的因、善的缘。

"三界为心，万法为识"，一切福田都离不开心地，只要心诚意正，则处处是好地，时时是好日，一切都可以地利人和了。

灾害

　　世间的灾害，有属于人为的，有属于自然界的。人为的灾害如战争、经济萧条、政治迫害、空气污染、水源不洁、森林大火、飞航空难，甚至于车祸、刀枪等，自然界的灾害有水灾、泥石流、旱灾、地震、暴风雨、海啸、山崩等。

　　人为的灾害是不能原谅的，如：少数的异议分子，发动侵略战争，有的为了领土，有的为了财务，甚至有的为了女人，当然也有的是为了自由、民权，为了政治理想，推翻政权。总之，发动战争，不但死伤无辜百姓，也会损坏千百万年的历史文化。

　　又如居家不小心引发火灾，自己不小心的失误，将会波及邻居；烟蒂、烧烤所导致的森林大火，其造成国家的损失不可计数。

　　平时不注重卫生，也会造成灾害，如发生传染病的伤寒、霍乱、B型肝炎、登革热、瘟疫、口蹄疫、大肠杆菌等，都是让自己生命、社会成本损失的灾害。

台湾地区号称美丽的宝岛，但常有台风、地震、旱灾、水灾，再加上人们对自然的不爱护，如：滥采沙石，造成河川的流失；滥砍山林，造成土石的流动；排放有毒的废弃物，污染了河川、土地；还有空气污染，破坏了臭氧层，影响全球气候。这固然是民众缺少对环保的认识，但也是政令的不彻底。少数人触犯法令的规范，破坏地球的自然生态，这是人类害人害己、得不偿失的结果。

不管是人为的灾害，还是自然的灾害，重要的是要防范于未然，加强每一个人对社会和自然的认识以及爱家爱社会的情操，进而加强全体民众，对环保的重视，发挥公德心。见有台风来袭，能主动为树木增加支架，以防被风吹倒；主动清理沟渠，以防水灾泛滥；建筑商也要不偷工减料，以防地震灾害。唯有减少人为的灾害，才能维护百姓生命财产的安全。

现在，除了人为的灾害可以预防，连自然灾害也可以预测。虽然一些工程建筑，在订立合约时，都会注明：遇到天然灾害时，则不能限时完成。但是，只要全民一致对自然灾害有防备的决心与公共道德，何尝不能减少自然灾害的缺失呢？

佛教主张，不仅对人要有爱心，对山河大地也要爱护。防范灾害的发生，才是利人利己的行为。

星火燎原

《增一阿含经》云："王子年虽小，长大能行令；小火虽未炽，星火可燎原；神龙虽现小，降雨随时宜；沙弥虽年幼，度人成法王。"这是在说明：勿轻视"小"的力量。

有位死刑犯，临死前唯一的遗愿，就是要喝母亲的奶，当老母让他再喝最后一次奶时，他竟然咬下母亲的奶头，并怒斥母亲："为何从小不教我正道！"台湾有句俗语："细汉偷拔葫，大汉偷牵牛"，是说小孩子偷一点小东西，食髓知味后，愈偷愈大，就来不及了，如《后汉书》云："禁微则易，救末者难。"

要如何防止恶行的恣虐？苏轼曾说："其始不立，其卒不成。"因此凡事要小心、周全、慎始，如果一开始没有好的观念、善的行为，又不知回头是岸，终将造成不可挽回的恶习。《周易》："履霜坚冰至。"是说，当我们踩到霜雪时，就该想到，天气逐渐要冷到结成坚冰了，如《法句经》所说："莫轻小恶，以为无殃，水滴虽微，渐盈大器。凡罪充满，从小积成。"

◎ 星火燎原

　　小小烟蒂可能造成森林大火；小小的感冒可能导致脑膜炎；小小的伤口可能丧命；小小的水滴，也可以凿穿石头；滚动的小雪球，有可能造成雪崩。由此可知：如果我们不从小恶断除，则将造成不可挽回的后果。

　　就如现代人，随心所欲、任性而为，对大自然毫无顾忌地破坏，如此日积月累，而造成了山崩、水灾、泥石流等大地与人民的灾难。

　　俗语说："一粒老鼠屎，坏了一锅粥"，所以，个人一个小小的恶行为，可能造成自己、社会、国家，乃至于全世界的损失与遗憾。如果能由个人行善做起，一句赞叹的话、一个微笑、一个好念头，随地扶人一把、随地做好环保，都是改变这个世间的因缘。

　　现在，我们在公园、会议大厅、美术馆等地，常看到一位正在小解的儿童铜像，这位比利时儿童，他在紧要关头时，以小便浇熄火苗，而救了万千人民。可见小小的善行，也能造福世间，解救全民性命。

　　《韩非子》："千丈之堤，以蝼蚁之穴溃"，这是说土蝼掘洞，能使大坝决堤。古德亦云：微者巨之端，大因小而生，巨由微而成。水滴甚微，积之成渊；土尘甚微，累之成山；跬步甚微，积以千里；小善甚微，累成大德。这都是在告诫我们，应当谨小慎微喔。

善恶相知

世间上有善人，有恶人，我们喜欢善人，讨厌恶人，其实善人固然可以尊敬，恶人也不要鄙弃，因为善恶是可以转化的。

佛陀说："高原陆地不生莲花，卑湿淤泥乃生此花。"唐朝道宣大师说："夫善者是诸恶之师，恶者是万善之资。"又如老子所说的："祸兮福之所倚，福兮祸之所伏，孰知其极。"提婆达多，多次陷害佛陀，罪大恶极之人，佛陀却说，他非常感谢提婆达多，因为他是佛陀的逆增上缘。

没有黑暗，哪看得出光明的重要；没有丑恶哪里显出美丽的可贵；没有罪恶，哪能明白善良的价值。所以对于罪恶的人，我们固然会毫无理由地远离他，但是假如自己发心与恶人为友，转移他的恶性，就好像菠萝、柿子，本来是酸的涩的，但遇到阳光、和风的照射、吹拂后，成为甜美的果实，我们为什么不能做阳光和风呢？

佛教说："烦恼即菩提，苦提即烦恼。"我们以为烦恼与菩提，是不兼容，其实，我们的菩提心，就是从烦恼里来，我们如果没有看见伤患苦难的人士，我们怎么会生出慈悲心呢？如果我没有看过狮子、老虎将羚羊、麋鹿当作食物，我又怎么会生起怜悯之心呢？所以世间的罪恶，正是警惕我们要发慈悲心，不就是烦恼可以成为菩提吗？

平常我们也听说，"良药苦口利于病，忠言逆耳利于行"。没有苦口的汤药，疾病怎么好呢？没有逆耳的忠言，一切的行为怎么改进呢？所以不要怕污恶，我们只要能够以恶为戒，以恶为借镜，任它是不净的污泥，只要我能够成为清净莲花，又有什么不好呢？

砒霜毒药固能害人，如果用之得当，也能救人；吗啡毒品，世之所禁，但有时遇到一些恶疾厉痛，也要靠吗啡鸦片来止痛；炸药能伤人害民，但也能帮忙凿穿山壁；谎言虽能害人，但有时却也能救人。由此可见，善恶相之，于理可明。

世间上没有绝对的善恶，种花养草，可以净化空气，调养身心，但有些植物也会产生有毒的物质，如过敏性花粉；阳光的照射，可以让身体健康，但过量也会导致皮肤癌；抗生素能杀死细菌，但过量也伤害有益的细菌群；咖啡适量对人体有益，过量也会造成骨质流失；饮水可以解救人的饥渴，可是过之也可以伤害人的生命。

只要有包容、有爱心，恶人也可以成道啊！"放下屠刀，立地成佛"不就是最好的例子吗？

坛的意义

　　坛，是团体的总称，也是某一建筑物的名称。如道教总坛、一贯道总坛、道观神坛；甚至于台湾地区黑道聚会的地方，也称为四海帮总坛、天道盟的总坛；又如古代帝王祭天的高台，称为天坛；出家人受戒的场所，称为戒坛。

　　坛是古代举行祭祀、盟会、拜将的场所。天子选择吉时良辰，沐浴更衣，登坛拜祖、祭天地、宣布国家大事。又如汉高祖，为增加大将军韩信的信誉，而登坛拜将。

　　现代，更广大"坛"的意义，如"杏坛"是孔子授徒讲学的地方，如果有人教书教得好，就说他扬名"杏坛"；唐朝时的歌舞乐班，称为菊部，现在唱京戏的，唱得出名，就说他是"菊坛"的领袖；如果文章能够写得传世，就赞美他是"文坛"的泰斗；演奏家，演奏得好，就称赞他红遍"乐坛"，其他还有诗坛、画坛、剑坛、政坛、棋坛、歌坛、论坛、影坛、体坛、篮坛、花坛、艺坛等，这里的坛是泛指所有专业人员，展现成就、发挥专才的地方，以及指集会的中心。

因为坛场具有以下意义：

一、坛场是人与天地圣贤对话的场所。

二、坛场是代表大众公议的地方。

三、坛场是代表领导中心、发号施令的地方。

四、坛场是代表专业人士以及其团体的特色。

坛场是一个神圣的地方，是有公信力的地方，是表现所长的地方，我们希望现代的人，不要辜负了坛场美好的名称，我们也希望，成为坛的团体，能够好好发挥坛的意义。如政坛就要真正秉持公意；论坛就要代表大众发出舆论；体坛的运动家，就要有好的表现，为国争光；文坛的作家，要写出净化社会、励志的文章；甚至歌坛、影坛的影歌星，要全力进行惟妙惟肖的表演、唱出最优美的音声，让人欣赏。

什么"坛"都很好，但是现代神坛、议坛的问题很多。社会上神坛到处林立，如能让有德者，帮助求助者，让其心灵有所寄托，作为心理咨商的场所，也不是不好，但如果成为神棍进行骗财、骗色的场所，就乖离了坛的美意。

议坛，是政治人物代表民众，改革政治缺失、辅政利民的地方，如果议场人士舞弊自私、没有发挥民意，那就是辜负了人民之所托了。

坛是圣洁的地方，具有庄严的意义，希望在坛里面，能各自扬名吧！

好奇心

人从小就有好奇心。有好奇心、有求知欲、有想象力，才有探索、追究的精神；因为有好奇心才有进步、发明的结果。科学家、探险家，都是因为有好奇心，才会有钻研与冒险的精神。

禅师参禅，要先"起疑情"，这就是好奇心；青少年对摇头丸、酒色财气也有好奇心；一般人对内幕新闻、名人消息也会有好奇心；对别人的职业、过去的历史、别人的思想等也都有好奇心。

人从小就充满好奇心，好奇为什么太阳会晒人、为什么火能把饭煮熟、为什么风会动、为什么飞机会飞、为什么人老会起皱纹、为什么冷了会起鸡皮疙瘩……

宇宙之间，人们对于不可预知、不能了解的事情、别人讲话的内容、商业产品的机密，都有好奇心。

有的人，因好奇心，而去研究了解、开悟、发明；但是，也有的人，因为好奇心，而害人害己，如报道别人的隐私、偷窥别人的私生活、误用毒品等。

对付好奇心，要用平常观念来对待，如现代的"天体营"，就是要解除人类对人体隐私的心障；男女分校，会养成男女对彼此的好奇心；青少年对于形形色色的社会，充满向往、追求的好奇心，如果一味地禁止，只会造成因好奇，而误入歧途的后果。

孔子说："学而不思则罔，思而不学则殆。"思，就是好奇心所生起的力量，如：牛顿看到苹果掉下来，而发现了地心引力；富兰克林放风筝而发明了避雷针；阿基米德因洗澡而发明了浮力原理；爱因斯坦发明相对论，贝尔发明了电话，瓦特发明蒸汽机，莱特兄弟发明飞机；现代的抗生素，不断地在升级换代；医生对疾病的对治、器官的移植的研究，也时时地在发展进步，这一切，都是因为好奇心。

今后的人类，有好奇心的话，还可以研究如何解决经济、种族、生活的问题，如：人要如何变高变矮？人的黑、白肤色可以改变吗？人每天要吃三餐，可以三天吃一餐吗？人一天可以只睡八分钟吗？人命可以活久一点吗？可以让人类都变成天才吗？可以让喜欢历史的人，由时光隧道回到往昔吗？喜欢地理的人，可以任意地遨游天下吗？可以思食得食，思衣得衣吗？如果可以找出一个方法来，这样的好奇心，不是对世界有很大的助益吗？

数字迷信

数字，是人类用来计算数量多少的文字，其大小从〇至十、百、千、万、亿、兆，甚至于更多，如佛教里所说的"阿僧　劫"，表示其数量之多，无法计算，甚至如"恒河沙数"、"不可说"数，表示其数难以测知。

其实，数字的多少，只是一个符号的假设，从真理而言，数字的基数是一个，〇是没有的意思，但是把〇加在十的后面，成为百；加在百的后面，成为千；加在千的后面，成为万；加在万的后面，成为亿；加在亿后面，变成兆。〇表示没有数字，但它可以成为一个无限的数目，所以说，所有的数字中，最大的就是〇了。

人类不研究数字的功用，反而对数字有很多的迷信，例如，在台湾地区认为"四"与"九"是不吉祥的，因为"四"与"死"同音，而"九"有一钩，有翘辫子死亡之意；西洋人认为十三及星期五是不吉祥的，如果在十三日及星期五这个日子，发生了不吉祥的事，就认为是数字所致。其实一年三百六十五天里，哪一天没有不幸的事故发生呢？如果认为周遭所发生的吉凶，是数字所引起的，那每一天都无法安然地度过了。

现在，我们到医院里，没有四号病房，没有四号床位，也没有第四楼的电梯；甚至理发店里，也没有四号座位，以及四号理发小姐；在旅馆里，一样没有四号房间。虽然大家忌讳使用"四"，但是每一天，到处有人死亡。

新加坡的人不但忌讳四，甚至连七、八、十三、三十七、六十九都不喜欢，尤其不喜欢七，认为七是消极的数字；日本人也不喜欢四，连出口该国的物品，如果包装成四瓶、四粒、四箱，此产品必定乏人问津。日本人除四字外，还禁忌三、五；韩国也不喜欢四；马来西亚禁忌〇、四、十三；阿富汗人禁忌十三、三十九；巴基斯坦人，以十三、四二〇，为不吉祥的数字。

世人除了迷信不吉祥数字外，也迷信吉祥数字，如香港人喜欢"八"，因为"八"与"发"同音，"八八"就是"发财"，"一六八"就是"一路发"；西方人却喜欢"三"和"七"，认为这两个数字包含着吉利之意；中国人普遍喜欢"六"，认为"六六大顺"。也有人替"四"字翻案，说是"事事（四四）如意"、"事事吉祥"。

数字的迷信，造成人们在使用门牌号码、汽车号码、手机号码、楼层号码等时的烦恼。佛教说一切善恶都有"因"，人绝不能生活在虚拟、无因的世界之中，必须脚踏实地，正视现实，数字只是一个代表的名词，而不是吉凶的来源。

变与不变

宇宙之大，事事物物都有变异；世间的不变，就是变。大自然有可变的，有不可变的；宇宙之间任何事情，都有变与不变。

《四十二章经》讲"世间无常，国土危脆"；苏东坡《赤壁赋》讲到"吾生之须臾"又提到"自其不变者而观之，则物与我皆无尽"；李白《将进酒》："君不见高堂明镜悲白发，朝如青丝暮成雪！"均说明了世间一切的变异。

山看起来是不变的，其实是变化万端的；每天日出日落，看起来是不变的，实际上地球每天都转到不同的位置；四季的更迭是不变的，其实每年的四季，都有不同的气温、不同的景象；人每天吃饭、睡觉是不变的，实际上，每天的体力、精神、心情、外缘都在改变。

"变"，人情、人事、人心，都会变；"变"未尝不好，"变"可以由坏变好，变才能进步，变才有希望，变可由少变多、由贫变富、生病变健康。但是"变"，也会变得不好，如政变、婚变、兵变、心变、病变、天变、水变，气候、时间、友情都会变。

人生的目标方向，是不宜轻易改变的，但是达到目标的方法，就要随环境而改变了。人要有随机应变的能力，才能生存；人要不断改变学习的方法，才能适应创新的社会；一成不变的生活，会让人感到困顿；做生意童叟无欺，价格不变，才能让人信任。

社会环境不断地在改变；人的价值观也在改变；要想改变别人对自己的印象，要自我的革新才能改变；商场上的竞争，要求新求变，才能吸引顾客；企业的经营，也要常变才能创新；但是善变的人，会给人靠不住的印象。

山河大地、房间布置都会变；地价、约定也会变，只有公义、真理是不变；历史的教训也是不变的；真情的至死不渝，也是生死不变的，如王宝钏、孟姜女，都是真心不变；万物成住坏空、生老病死是不变的；因果业力不可转，也是不变的。

对国家的忠心，不能改变；对领导的服从不能改变；对真理的追求也不能改变；本具的清净心更不能改变。

世间有"以不变应万变"，也有"穷则变，变则通"。希望万物当变则变，不当变则不变。如果是善良美好的，我们希望不要变，如果是好的变坏的，则不如不变了。

白开水

由于国家地域不同，每个地方、每个民族，都有种种不同的饮食习惯，例如，有的以稻米为主食，有的以面食为正餐，有的以兽肉为生存要素，有的以高粱小麦等杂粮维生，甚至西方人以面包牛奶、生菜沙拉为三餐主要饮食。

尽管人有以各种不同饮食来果腹维生，但是当中有一个共同点，就是都要有水，有水才能维持生命。说到水，人类从最早喝白开水，进而到喝茶、喝汽水、喝果汁、喝咖啡等，随着各种不同的饮料，供应给不同生活习惯的人。

水有很平等的性格，你是达官贵人，有时候每天也只是喝上几杯白开水；你是贩夫走卒，山泉井水，随处都能供你饮用，既不花钱，而且方便省事。

古老的传说，每个人每天应该拥有"七斤四两水"，超过这个数字，就是浪费，就会被讥为不惜福。所以说"福报如水"，水用完了，表示福报也流尽了，因此长辈们莫不教诫子弟要有

忍耐，才能和气致祥；

悔过，才能提起勇气。

人生如行船，无论何时何地，都要张满信心的风帆；
人生如战场，无论是安是危，都要鼓舞奋发的斗志。

"滴水如金"的观念。

　　佛教也常把水比喻为佛法，水的功用有生长、洗涤、滋润的用途。佛法能够给人生长信心、滋润身心、洗涤污秽。法是真理，用水来比法，水不就如真理一样重要吗？

　　一滴水，就是生命的生机，所以每天一杯白开水，不用花钱，但生命的维持，就是靠着这一杯白开水。白开水虽然淡而无味，不能一日无之。家中来了客人，一杯白开水待客，也能表达心中的诚意；秀才人情纸一张，贫寒之家，能有一杯白开水，足以表达无限的情意。过去民间的施茶，就是白开水；现在的矿泉水，有时到灾区救灾，或是办活动时，送矿泉水最为宝贵，也最实际。

　　白开水就是人生的本味，一杯白开水有时也能疗治百病。但是有水的时候往往不觉得它的宝贵，到了没水时自然就苦不堪言了。你不记得台北发生干旱，石门水库、翡翠水库的用水都告罄时，民众惊慌焦急的样子吗？

　　现在中东一些国家，必须从外地运水回国使用，所以他们的水比石油的价格还贵。美国虽然土地辽阔，很多沙漠地区至今尚未开发，就是因为缺水；美国尽管科学昌明，望着茫茫沙漠，也徒叹奈何。

　　台湾地区对水的管理有"水利会"负责，政策高明。寺院丛林里也有专门管水的职事，称"司水"，就是要善用水资源，不能轻易浪费。所以佛教从古就很重视大自然生态、环保、资源的维护，即连一滴水都要好好保护，不会随意浪费。

  君子之交淡如水。白开水的单纯，任何饮料都要白开水去调和，具有调节的功能。白开水还有消毒、清洁、卫生的作用。白开水，"开"就是要经过煮沸，经过高温加工，才能成为白开水；人也要经过历练，才能成为有用的人。

让座

中国号称"礼仪之邦",举凡日常生活中的行、住、坐、卧,处处可见谦虚礼让的美德,其中尤以"让座"更成为人际间重要的礼仪。见到老师要让座,见到前辈要让座,见到客人要让座,即使同辈之间,为了相互尊重,彼此也要让座。

座位,有时代表着一个人的地位及身份高低,所以座位就有大小、前后之分,必须按序而坐。由于座位有高位、低位、大位、小位,一些没有地位的人,便千方百计地希望追求较高的地位;一旦身居高位时,又感到位子是一种拘束,反不能自由自在地生活。例如:学生能跷课,老师能缺席吗?顾客可以不买东西,老板能够不上班吗?民众可以游山玩水,到处观光,身居高位的达官显贵,能随兴地到处游玩吗?所以不一定居高位、坐上位的人就可以神气活现,没有地位的人也不见得就矮人半截。

不过,在一般的机关团体,甚至公司行号里,还是要在位子上分高低。餐桌有大小的位子，会议室有前后的位子，客堂里有上下的位子，甚至照相都要排出个主与副的位子。坐在哪个位子最好呢？一般说来，坐在第二位、第三位最稳当，比我大、比我有地位的人来了，我不必让位；地位不如我的人，我更可以如如不动，安坐其位。

有的人对于位子，好争个上、中、前，吃饭坐上位，照相坐中位，走路走前位。其实今日的社会，还是讲究谦虚让位为好。就算你地位再高，在人多的场合里，还是自谦一点，坐在第二个位子最好。因为如果坐在第一个座位，见到地位比你高的人，势必要让位，当下就保不住位子了，坐第二个位子，比较容易自保。

说到座位，除了有大有小之外，还有软、硬之分。做人固然要安于本位，但若需要经常调动，需要经常换个座位，也要习以为常。甚至"长江后浪推前浪，世上新人换旧人"，当需要交棒的时候，也要肯让位，肯提拔新秀，人事才能更新，团体才会进步。

人活着要让座，人死了埋葬三五年后，也要拣骨，换个位子。现在有一些人，有了座位就不肯让位，甚至抢占好的位子。火车上、公共汽车里，常见有人用东西占据座位，不但自己占个位子，还要呼朋引伴，帮别人占个位子。所以文明的国家，乘坐交通工具时、在公共场所，都提倡对号入座，或者排队就位，最为公平。

　　人生的位子，本来就应该搬动，要常常换位子，有时候愈换愈大，愈换愈前，不要老是恋栈于位，否则人生就难以有所进步了。

笑话

　　每个人每天都要说话，如果规定自己在一天当中，都能说一两则笑话给别人听，必定让人心生欢喜。据说天主教的修女，每天晚上的功课之一，就是要说笑话给别人听。一个人如果每天都能说个笑话，把欢笑带给别人，你说他会不是一个好人吗？

　　一个主管，当你集合部下讲话时，偶尔能说一两则笑话，让部下感觉到主管很轻松，很容易亲近，对工作必定加倍努力。蒋经国先生虽然为人严肃，但他集合干部时，总喜欢说一两则笑话。有一次，他在一处荒山野外和一群受刑人讲话，讲过话以后，这一个地点就成为有名的"日新岗"。假如蒋经国先生天天都很严肃，没有轻松的一面，哪来那么多年轻干部跟随他呢？

　　佛经所开示的教义，虽然不是用讲说笑话的方式呈现，而是"譬喻"、"本生"、"本事"、"未曾有"，都是发人深省的故事。但是如果说得好，其实也都是笑话，例如"九色鹿"、"鹦鹉救火"、"吉祥草"、"杀子成担"、"学鸳鸯叫"、"愚人看门"、"夫妻赌饼"等，不都是很有启示性的笑话吗？

善于说笑话的人，还没有开始说，他的动作、表情就已经让人会心一笑了；不善于说笑话的人，他说："我说一个笑话给大家听"，自己已经哈哈大笑，别人却被他笑得莫名奇妙。

笑话就是幽默、就是诙谐；笑话能让人开心、让人忘忧。生活中，有时候神经绷得很紧，如果有个人能说一段幽默的笑话，让大家哈哈一笑，可以解决很多尴尬的问题，与会的大众，也会觉得无比的轻松愉快。

说笑话要给人欢喜，但千万不能学乌鸦嘴，说得让人不欢喜，甚至误会你的意思，认为你是在"指桑骂槐"，是在讽刺他，那么你的笑话就会适得其反了。

说笑话不能东拉西扯，不能说得太长，三言两语，愈短愈好。中国有心人把古今以来的笑话，集合成书，像《笑林广记》就是一部鼓励人说笑话的好书。

我们要提高说笑话的内容与价值。笑话要能发人深省、要有哲学思维、要有余味荡漾、要能增加生活的乐趣。清朝的纪晓岚很幽默，善于开玩笑，懂得说笑话。有一次，他在背后称乾隆皇帝为"老头子"，话被乾隆听到，很不高兴地要他解释何为"老头子"？纪晓岚说："皇帝人称万岁，不就是'老'？皇帝是万民之首，所以是'头'；皇帝自称天子，以天为父，所以是

'子'。"

纪晓岚凭着他的机智、幽默，不但解决了自己的危机，也让乾隆皇帝哈哈一笑，这就是最高明的笑话。

恭维

　　语言是人与人之间沟通的最好工具，尤其"恭维"的语言是人际关系和谐不可或缺的润滑剂。过去中国人的书信往来，或是见面谈话，一开头都先说一些恭维话，或是问候的话，以示友好，之后才进入正题。

　　恭维就是赞美，就是说一些令人听了心生欢喜的话。比方说，见到了长者都说：您老"德高望重"、"见多识广"、"老当益壮"。如果是见到年轻女子，就说：你"秀外慧中"、"气质高雅"、"端庄贤淑"。如果是中年绅士，就赞美他："气宇轩昂"、"高风亮节"、"光风霁月"。

　　假如对方是读书人，就要赞美他："学富五车"、"德学兼备"、"满腹经纶"。假如是青少年，就嘉许他："少年老成"、"年轻有为"、"言行有礼"。另外对一些军政要员、财经巨子，也都应该有适当的赞美和恭维的语言，否则你与人的交流往来，就很难事事顺利了。

恭维的语言，说穿了就是要会拍马屁。放眼当今的社会，官场人物，尤其外交人士，哪一个不会说恭维、应酬语言，乃至于客套的外交辞令。学不会一套恭维别人的说话，吃了亏自己还不知道问题出在哪里，必然很难在社交场合周旋。

恭维人的话，也要能说得很适当、很得体、很诚恳，甚至还要注意时空因缘及对象的性格所好，才能让对方有"深得我心"之感。

国画大师张大千先生，经常应邀出席各种场合，每回总有人赞美他的胡子很漂亮，张大千不以为然。有一次，在一个欢迎会上大家又以他的胡子为题，相继说了许多恭维的话，张大千不动声色，等大家讲过以后，终于忍不住说了一个故事：

三国时代，关公、张飞去世以后，孔明六出祁山，征求大将之中谁能担任先锋？张飞的儿子张苞说："愿往。"关公的儿子关兴也说："愿往。"二人相持不下。孔明说："你们二人都是将门之后，谁能将父亲的盖世武功说得好，就由谁来担任先锋。"张苞道："我的父亲手持丈八点钢矛，喝断当阳桥，智擒黄忠，义释严颜，在百万军中，取上将首级，如探囊取物。我家教有方，今日先锋，非我谁能？"轮到关兴说话，他因为口吃，说了半天，只有"我，我……，我的……，我的父亲……，胡子很长。"这时关公在云端里大喝一声："小子，你的老子当初手提青龙偃月刀，过五关，斩六将，诛颜良，斩文丑，上马一提金，下马一提银……，你偏不说，只说老子的胡子很长。"

张大千说完，众皆愕然。所以，恭维的话说得不得体，说得不够巧妙，说得让人不欢喜听，也会弄巧成拙。

我们在日常生活中，做人素养要够的话，晚辈要恭维前辈，长官也要赞美部下，人与人之间都要懂得恭维，懂得赞美，所谓"丈夫要给太太掌声，才有鸭子的两条腿可以吃"，你能说恭维不重要吗？

不倒翁

有一种玩偶，是儿童最喜欢的玩伴，叫做"不倒翁"。

不倒翁，任凭你如何摆弄，他都不会倾倒。尽管你使力把他推倒，但他马上会恢复原来的姿势。他总是随着你的玩弄而前后左右摇摆，但始终不会跌倒，所以大家就称之为"不倒翁"，日本人更称他为"达摩"。

在我们的生活周遭里，有一些人善于趋福避祸，不容易失败，就如不倒翁一样。例如政坛有政坛的不倒翁，学界有学界的不倒翁，财经企业、股票期货等各行各业，都有各行各业的不倒翁。他们为什么能不被打倒呢？一者靠智慧，他能了解一切；二者靠仁慈，他能包容一切；三者靠义勇，他能牺牲一切。

所谓不倒翁，因为他轻松摇摆，懂得平衡，他不一定坚持立场，但又四平八稳，他可以不需要人帮助，自己处理自己，所以即使你把他推倒，他又能再度站起来。

五代的冯道，历仕五姓，却能不为政敌所打倒；华严宗的清凉澄观国师，曾做九朝七帝的老师，真是人中的不倒翁。古代有人称赞楚国的人民十分团结，有不肯服输的性格，因此形容他们"楚虽三户，亡秦必楚"，这就是有不倒翁的精神。

不倒翁也不一定是形式上的不倒，在精神道德上不倒，更是重要。抗战初期张自忠在战场与敌人周旋，弹尽粮绝，自杀殉职，全体敌军立正向他敬礼，这就是中国人的不倒翁。

夏桀、商纣、周幽，虽然贵为帝王，还会被人打倒；历代亡国被打倒的帝王，更是不计其数。反观许多有道德的贤人君子，如伯夷、叔齐，是饿夫也；文天祥、史可法是阶下囚也，但他们在历史上，都能声名不倒，可见忠孝节义是宇宙间的正气，就像不倒翁一样，不容易被打倒。

有一首不倒翁的童谣说："不倒翁，摇摆很轻松；能忍耐，不生气，是作风。说他呆，他不呆，胡子一把像小孩，面孔红红看得开。不呆不呆真不呆，推他倒下他能站起来。"

从物理的力学原理来说，所有物体都有让自身位置能趋向最低的趋势，当我们推他时，他会往最低的位置移动，依此原理，所以不倒翁不会倒。

人生中，什么样的人才能成为不被打倒的不倒翁呢？慈悲的人不易被人打倒，能忍的人不易被人打倒；慈悲没有敌人，能忍者无人抗拒。所以，你想做一个不倒翁吗？先要具备好条件，当然就不会被人打倒了。

保存期限

我们所拥有的物品，总希望给予妥善的保存，但是保存也有它的时间限制，像食品、化妆品、药品等，都有一定的保存期限。

一道菜可以留到下一餐，甚至明天，但不能无限期地保存，它会腐坏。即使是现在的计算机、冰箱等所有机械、电器用品，都有一定的使用年限。甚至购买一栋房屋，建筑公司也会给你一定的保固期限，如果你不善于利用，就如同汽车，久不开动，总有一天它会生锈。

岂但东西有保存和使用年限，我们的人生也有保固期。青少年的时光，是用来保护学习的时间，如果你浪费不学，实在可惜。青壮年的人生，是供你创业、就业的保护时期，你不好好加以利用，等到一事无成，老大徒伤悲，岂不遗憾？

所以，一件物品、一个人，在保护期限之内应该尽量做好有效的利用。衣服穿不了，饮食吃不下，又不肯送给别人，日子一久，只有腐烂。自己所学的技能，太久不去使用，也会生疏。就像一个武功高强的人，久不练武，招式也会迟钝。学习外国语言，如果没有经常复习，三五年不用，期限太久，也会忘记。

世间上的事事物物，都有一定的保存期限，因此家庭里的物品，如果只知购买，不知道保养、利用，就不是一个善于管家、理财的家庭主妇。人的寿命，乃至人体的各种器官，都有一定的使用期限，所以在青壮年时参加健康保险，所付的费用一般都会比较低廉；一到古稀之年以后，你想要参加保险，保费往往都要增加倍数以上。

家中使用的家具，达到一定的期限，就要加以换新。日常使用的信用卡、专业执照、驾驶执照等，期限过了，也需要重新申请。我们身体的使用，也有一定的期限，如果期限一到，就需要更新，这如同重新更换执照一样。

自古以来，不少皇帝如秦始皇、汉武帝等，他们梦想长生不老，不想更换身体"部件"、不想更换名位，这是不可能的事情；人生岁月有限，我们除了应该在保固期限内好好规划、利用以外，更应该把即将更新的未来，加以盘算好、预备好，免得临时慌了手脚。

一个人要能保有信用、保有人格、保有自己的道德形象，愈久愈好，这就没有期限的限制了。

发展

现在举世人类，无论国家、地区、个人，最大的希望，就是要"发展"。

国家的发展，过去都是靠侵城掠地，扩大版图。现在的国家不敢轻易摆出蚕食鲸吞、穷凶极恶的姿态，都是利用经济的力量，透过外交的手腕等，求得国家的发展。

个人的发展，过去莫不希望十年寒窗苦读，积聚资本，在士农工商各界图谋发展。但现在的人结合党派，邀约股东，希望借助他人之力来求取发展。

总之，现在的社会有人用知识、智慧，创造发展；有人集合家人、眷属，团结发展。现在的国家，有的开发太空，有的则向海洋开发。随着潜水科技愈来愈进步，对国家海权、领海防线的保障，也愈来愈受到各国的重视。有的则在陆地上发展，例如增加海埔新生地、开发山坡地，甚至铺桥造路，从开发交通来带动经济的繁荣。

然而地球上的陆地终究是有限的，经不起过度的发展。过分开发的结果，滥垦滥伐，造成泥石流，山崩地陷。此中说明，开发不是不好，但是开发要有所节制。

其实，世界上除了经济的发展，国土的发展，其他可供开拓发展的空间还很大，例如：科技的开发、产品的开发、人情的开发、道义的开发，尤其举世和平是人人的希望，我们应该发展世界和平，让人民个个都能幸福安乐地生活，这才是发展之要。

发展如果没有用之于正途，如现在的基因开发，复制羊、复制牛，甚至复制人，如此扰乱社会秩序的发展，对于人类的未来而言，到底是福是祸，实在有待重新估定价值。联合国虽曾三令五申，不准发展复制人等，但是一些科学家只顾个人知识、理念的传达，无视于人类未来的前途，如此发展，真是令人担忧。

我们赞成社会需要发展，尤其个人的发展，诸如发展智慧、发展能力、发展潜能、发展因缘，都是非常值得称许的好事。所以我们呼吁大家，不一定要从外面的世界去开发，应该从内心的世界来发展，发展内心的真如佛性，发展内心的慈悲智慧，发展内心的仁义道德，发展自己的真心实性。从个人发展出来的光热，互相照耀，如同家中的日光灯、美术灯、照明灯，灯灯相照，光光无碍，那不是一个无比美好的世界吗？

现在的世界尤其应该提倡精神建设，如果能开设"新观

念发展公司"、"慈悲喜舍无限公司"、"世界人类同体共生协
会"、"大公无私服务集团"、"你我地域互调机构"，让举世人
民都能"你为我、我为你"，创造欢喜，发展和睦友爱，这样的
世界不是要比你争我夺、尔虞我诈来得可爱吗？我们何不一起
来推动这许多的发展呢？

大死一番

禅宗有一段开示的语言，说明一个人从愚痴而到达觉悟，其过程就如"大死一番"。

此即说明，在生命的流转里，除了真心以外，我们的习气、烦恼、无明，必须经过多生多劫，千生万死、万死千生，才能慢慢地超脱。就以现实一期的生命来说，也有许多的陋习、私心、执着，没有大死一番，便无法重生。

佛教说，人的生命有二：一是分段生死，二是变易生死。在生生死死的五趣六道流转之外，于修行的道路上，能变化自己的气质、习气，才能达到超脱变易生死的目的。

陶渊明说："悟已往之不谏，知来者之可追"，一个人要经大死一番以后，始能觉悟"过去种种譬如昨日死，现在种种犹如今日生"。一个经过大死一番之后重生的生命，例如蛇脱皮、蝉脱衣、龙虾脱壳，才能有另外的一番成就。

印度的阿育王，本来是一个残暴好战的侵略者，一般人都称他"黑王"。但当他信奉佛法以后，施行仁义，为民谋福，国威大振，因此最后赢得"白王"的称谓。

阿育王不经过大死一番，如何能从"黑阿育"变成"白阿育"呢？一个人没有"放下屠刀"，如何能"立地成佛"呢？所以佛陀在《本生谭》里，诸如"割肉喂鹰，舍身饲虎"等牺牲自我、成就众生的精神、行谊，都是说明大死一番以后才能成佛。

日本的民间有一个坏人，人称"鬼平兵卫"，他平时欺压良善，对邻居百般欺负，对自己唯一的小儿子，也是打骂、虐待。有一天，在他万分饥饿时，听到有人对他的小儿子说："给你的饭，你为何不吃？"儿子回答道："我要留给爸爸吃！"儿子的话忽然触动他的真心，当下感动得涕泪交流，忏悔往昔的暴戾。经过此一"大死一番"以后，从此对邻居、友人总是尽力帮忙，并且爱护家人，所以大家再也不叫他"鬼平兵卫"，而以"佛平兵卫"称之。

人生，生来多少的恶习、过失，都不重要，只要自己肯忏悔，能够大死一番，总会得救。例如，讲话粗俗，假如你自我检讨，可能就会改变语言；你的行为恶劣，经过自我克制，就能脱胎换骨。所以一个人在一生里面，在一天当中，在一时之间，都要不断地"大死一番"，变化气质，能够如此，何患不能有所成就呢？

"大死一番"，有的人需要自己体验，从极度苦难、悲痛中改过向上，才能大死一番；有的人看到别人受苦，自己也能感同身受，也能大死一番。

从监狱出来的受刑人，若没有经过大死一番，恶性不改，仍会恶习复发；但有的人经此大死一番，改头换面，重新做人，岂不快哉。

手段

做人，要有手段，才能在家庭里、在社会上，到处吃得开。

手段，是好呢，还是不好呢？人与人之间，不肯诚实相待，善用计谋，能欺则欺，能骗则骗，做一些小动作让人吃亏上当，像这样的手段，当然不足取。有时一些商业团体，彼此竞争，使用各种计策，让对方的利益受损，这种手段也是不值得取法。国与国之间，使用各种策略，拉拢、恐吓、欺压、威胁、利诱，总要想尽办法让你倒向我的一边，这样的手段也难以令人认同。

手段，如果是一种不得已的方便，是一时的权巧，能利用一些小手段来解决困难的问题，例如媳妇要取得公婆的欢喜，平时使点小手段，说一些空话赞美，其实并不为过。父母要儿女读书，用一些手段加以鼓励诱导，让儿女发愤向上，这也未尝不可。像"空拳诱子"、"糖衣包药"，虽然不实，能够方便权巧地给对方获得利益，这样的手段是一种教化、是一种方便，其实并无不好。

　　有一位妇女死了儿子，哭得死去活来，请求佛陀想办法让他的儿子复活。佛陀知道母亲爱子心切，一时难以醒悟，便告诉妇人，只要能找到一棵"吉祥草"，就可以有办法救活她的儿子。不过这一棵吉祥草一定要到没有死过人的家里去要。

　　妇人抱着一线希望，挨家挨户地找，但是找遍了全城，怎么样也找不到一户人家不曾死过人。这时妇人终于觉悟："生死无常，此乃世间实相。"这就是佛陀教化众生的方便手段。

　　仙崖禅师行化一处，见到一对夫妻正在激烈地吵架，丈夫要骂、要打、要杀，妇人毫无畏惧，一直跟丈夫抗争："你打！你杀！"仙崖禅师见此情景，便在一旁大叫："快来看喔，要打人了！要杀人了！"

　　一旁看热闹的人看不过去，生气地说："喂！和尚，人家夫妻吵架，你嚷嚷什么？""你没有听到他们说要杀人吗？""杀人干你何事？""怎么不干我事，杀人，人死了，就要找出家人念经，怎么不关我事？"

　　正在吵架的夫妻，见路人一僧一俗，也在相骂，就停止了吵架。这时仙崖禅师走向这对夫妻，说道："贤夫妇的戏演完了吗？夫妻应该要像太阳一样，温暖对方；要像和风一般，吹拂对方；要打要杀，家庭不就跟战场一样了吗？"仙崖禅师不同于一般的教化手段，终于解决了一场家庭纷争。

　　手段好不好？手段如果让人吃亏上当，当然不好！曹丕、杨广、雍正都用手段得到王位，都不足取。但如果手段是被用来作为解决纷争的权宜之计，如飞锡禅师示现神通，化解两军战争；如观世音菩萨示现美女，方便教化世人，则使用方便手段，未尝不可也。

日日新

　　早晨起床，把家里洒扫干净，让环境日日焕然一新；衣服穿着整齐，给人日日干爽清新的感觉。每日打开报纸、电视，也是希望知道今天又发生了什么动人的新闻。

　　其实，人不要光从外面去追求"新意"，要从自己的内心来创造"更新"。例如：思想要日日新，观念要日日新，服务的精神要日日新，助人的愿力要日日新。因为内在的精神不断更新，人生的境界才能不断升华。

　　花朵在时间里开放，树木在岁月里成长，我们的日子天天在过。人生，一天一天的，要怎么样才能更新呢？假如早上起床，振奋精神，心中想要完成什么好事，这就是日日新的开始。晚上到佛前合掌礼拜，忏悔今日的过失，这就是一天的更新。现在的时代不断在更新，社会也不断在更新，科技计算机，真是日新月异。现在不但喊出"新人类"，甚至还有"新新人类"一族，我们还能固守执着，还能保有乡愿观念，还能不知改进更新吗？

当然，新的东西不一定就好，旧的东西也不一定是坏。新的衣服穿在身上不合身，还是旧的比较好；新的鞋子穿在脚上不合适，还是旧的比较好；新的朋友交情不投缘，还是旧的比较好。

要有新的思想、新的方法、新的观念，但是旧的道德、旧的关系、旧的成就，也不是一概都不能保留。现在的社会令人没有安全感，就是因为新的道德还没有建立，却不断地在打倒旧道德，这不是叫做"日日新"，反而叫"日日坏"。

我们求新，希望自己不要一成不变，不要固守执着，不要自私顽强，我们不能积非成是。所谓"日日新"者，是要我们从善如流，要我们与人为善，要我们大胆尝试，要我们去私从公。假如不放弃脚下的一步，怎么能迈向新的前方呢？

第二次世界大战，日本战败后，重新觉醒，改变穷兵黩武的形象，不断地发展新工业，开发新产品，光是一个丰田汽车，不就已经征服美国了吗？我们不希望全世界的强国，用强权武器、用侵略战争来对待邻国，我们希望用新思想、新观念、新作风、新产品、新方法、新道德，来影响世界，促进和平。

过去，我们都崇拜百年老店，但是百年老店如果不给予新的血液、新的营养、新的精神、新的方法，这种日薄西山的老店，还能再存在多久呢？以佛教来说，"三法印"、"四圣谛"、

"空"的真理，真理不变，但是制度、戒律、仪轨、法器、法务、建筑、文物等，如果一直不变，不肯更新，未来的发展就令人担忧了。

很多人怕"新"，因为新的东西不容易适应，不容易了解。历史是一面镜子，镜子也不能只照过去，所以人要能看到未来。"日日春"虽是一朵小花，但是它每天都会开放，给人一个惊喜，日日新又有什么不好呢？

除旧更新

　　新的一年来了，对旧年的往事，如果是不善不美的，应让它随时间而去；好的善的，在未来新的一年，我们要好好地迎接，以备我们能除旧更新。

　　除旧更新是从个人到国家共同的希望。个人的学德不足，我们可以重新再来；事业未成，我们可以重新再来；人缘不够，我们可以重新再来；如果是国家，政治上的缺失，可以重新改进；经济上的萧条，可以重新振作；人事间的缺陷，可以加强沟通。

　　除旧更新，我们要去除旧的，如吃喝玩乐的陋习、固执自我的思想、因循苟且的保守、党同伐异的偏见、不识大体的无知，那些幸灾乐祸、责人恕己、嫉妒人好、奢华浪费的习性，都应该要勇敢地去除。去除了旧习，我们要面对新的一年，无论是国家，或者是个人，必须要能求新求变，要有新思想、新作为、新风格、新知见、新境界，我们人人能做到这个"新"字，我们的国家社会就能转危为安，转非为是，转迷为悟，转败为胜。

为了迎接更新的这一年，我们每个人要从健全自我做起，加强对自我的要求，对知识智慧的增加，对尊重包容的提升，对大公无私的建立，对赞美鼓励的肯定，还要建立"人我一如"的思想，要认识事理圆融的好处，这还怕我与国家不能在新的一年里，有所成就与进步吗？

在新的一年，我们也希望社会重视人文书香的发展，应多提倡艺术音乐。多建立公园，让社区多些陶冶性情的地方；多成立图书馆、体育馆，让人民的身心有平衡的发展。让每一个人，都能成为知书达礼的君子淑女；让每一个家庭，都能成为书香世家；让我们的周遭，都能成为温柔敦厚的社会。

往事已矣，旧年已过，新的这一年，我们要站起来，我们要"走出去"，我们要养成勇往向前的斗志，我们要捡回自我的信心，我们要培养俭朴的性格，我们要增加勤劳的精神，我们要有做好事、说好话、存好心的"三好"美德，我们遵守不色情、不暴力、不扭曲的"三不"政策，我们要有自觉的醒悟，我们要有反省的思维，我们要有与人为善的雅量，我们要有从善如流的个性。

陶渊明："悟已往之不谏，知来者之可追"，新年求新的大家，何不重新来过呢？

缺点

"人非圣贤，孰能无过"，过失就是自己的缺点。知过必改，善莫大焉，缺点不是那么严重，只要肯改正，才能进步。

世间上最大的缺点，就是不肯认错，不肯承认自己有缺点。其实，国家有国家的缺点，团体有团体的缺点，个人有个人的缺点，甚至圣贤也有缺点，因为圣贤也难得能让每个人都满意。所以，西方的政治家喜欢拿自己的缺点来自我解嘲，说出来供大家哈哈一笑，同时也提醒自己改正缺点。

人，既不是完人，难免有缺点。甚至可以说人的缺点可多着呢！自私、执着、傲慢、贪欲、瞋恚、无明、嫉妒，都是缺点。有的人讲话率直，自以为是；有的人嫉恶如仇，沉不住气；有的人喜好强行辩解，不够柔软；有的人太过理想主义，无论什么事都操之过急。还有的人不明事理，歪曲事实；有的人遇事优柔寡断，犹豫不决；有的人好要面子，不肯吃亏，不负责任，不乐于助人，在这么多缺点之下，怎么会有面子呢？

有的人被动拖拉，不敢直下承担；有的人定力不够，遇事容易冲动；有的人个性极端，刚强顽固；有的人行为幼稚，不够威仪；有的人喜怒无常，脾气又大，疑心病也重，凡事大惊小怪，实在让人不敢领教，如此怎么能获得别人的赞美呢？

有的人不善于和人相处，对同事不知友爱、互助，对长官不知恭维、赞美，对部下不知提携、体谅。也有的人做事虎头蛇尾，五分钟的热度，凡事爱跟人计较，喜欢怪你怪他，不知自我检讨。有的人情绪化，不耐烦，又不善言辞，所有表现都慢半拍，这种人不易和人相处，在团体中也难有立足之地。

衣服坏了，要懂得缝补；桌椅坏了，要加以修理。一个人不知道改正自己的缺点，不想要修补自己的错失，自然就不容易获得别人的尊重。甚至因为缺点太多，到处受人嫌弃，最后吃亏的还是自己。

我们到商店购物，都要选择完美的东西；如果有缺点瑕疵，谁愿意买回家呢？所以一个人最好从小养成良好的习惯，万一有了缺点，也要勇于改正。做人要以"责人之心责己，恕己之心恕人"，不要维护自己的缺点，不要为自己的缺点辩解；维护、辩解都没有用，最好是修改缺点。物品完美无瑕，顾客怎么会不欢喜呢？做人没有缺点，别人怎么会不欢喜呢？

人生最大的毛病，就是不知道自己有缺点；即使知道自己的缺点，也不肯痛下决心改正，终让缺点阻碍了一生的发展。

因此，凡是有缺点的朋友们，大家不妨反躬自省，不要要求别人，改改自己的缺点吧!

眼泪

　　你有流过眼泪吗？人的一生多少都曾经有过流泪的经验！有痛苦的眼泪，有伤心的眼泪，有兴奋的眼泪，有欢喜的眼泪。总之，凡是喜怒哀乐，情绪激动时，都容易流泪。

　　眼泪，有英雄的眼泪，有情人的眼泪，有忠臣的眼泪，有孝子的眼泪。眼泪又分为"有声无泪"的眼泪，曰"嚎"；"有泪无声"的眼泪，曰"哭"；"抽搐泪流"的眼泪，曰"泣"；"无声无状"的眼泪，曰"悲"。

　　眼泪的产生，总说可以分成两种：一种是具有润泽眼睛功能的自然生理现象；另一种是感情激动而流的眼泪，属于情绪的反应作用。

　　有人说，女人是泪水做的，男人是泥土做的。意思表示女人善于流泪，像孟姜女的眼泪能哭倒长城，像祝英台的眼泪能哭开梁山伯的坟墓。

　　其实，男人也一样会流泪。有人说，刘备的江山就是哭出来的；诸葛孔明"挥泪斩马谡"的情景，也是强忍着悲痛，但最后还是忍不住要掉下英雄惜英雄的眼泪。

俗语说："男儿有泪不轻弹。"在佛教史上，佛陀也曾流过眼泪。当时一些外道用批评、毁谤等种种方法破坏佛法，甚至用棍棒、刀剑等试图打击僧团，但佛陀都如如不动。后来外道说："我们都来做你的弟子，吃你的饭，穿你的衣服，但不奉行你的佛法，反而破戒、污僧。"这时佛陀不禁流下眼泪，很无奈地说："那我就没有办法了。"

日本的空也禅师，有一天遇到一群盗贼拦路抢劫，空也禅师双眼流下泪来，盗贼哈哈大笑，说："真是一个没有用的出家人，这么轻易就被我们吓得哭了起来。"空也禅师说："我并非怕你们，而是看到你们如此造业，想到你们将来必定要吃苦受报，不禁流下同情的眼泪。"

所以，眼泪有感动的眼泪，有欢喜的眼泪，有慈悲的眼泪，有无奈的眼泪。像弘一大师在最后临终时写下四个字"悲欣交集"，这句话可谓道尽了人生的百味杂陈，真是有血有泪。

诗云："春蚕到死丝方尽，蜡炬成灰泪始干。"眼泪要流在值得流的地方，不到紧要处，不但是男儿有泪不轻弹，其实任何人都应该要有泪不轻流！

作秀

　　"作秀"本来是艺人为了娱乐观众所做的各种表演，但是现在的人把所有在公众之前所做的任何演出、动作，都认为是"作秀"。此中意味着好表演、好求虚名、好赢得别人的赞美，而名之为"作秀"。

　　当然，社会上的确有一些人好装腔作势，好在人前忸怩作态，过分而不当地卖弄自己的才华，以图出人头地，这都是不好的作秀。此外，还有人喜欢在媒体上发表演说，耍各种噱头，做一些虚而不实、说而不做的"脱口秀"演出，藉此为自己打广告、做宣传，可以说都是坏了作秀的名称。

　　事实上作秀也并非全然不好，例如，有人修桥铺路，有人从事慈善公益，乃至公司为了产品行销而打广告，或是为了推动政策的实施，请形象良好的公众人物来代言，宣导思想理念，对社会有着正面的示范作用，凡此都不可一概以"作秀"来否定他们的善行义举。

中国历代以来，唐尧虞舜的"禅让"，这也是作秀吗？周公"作礼乐"，这也是作秀吗？孟子游走各国，希望用仁义治理天下，这也是作秀吗？过去的帝王"大赦天下"，或是"下诏罪己"，或者发起"与民同乐"，这难道都是作秀吗？如此说来，禅门祖师们的公案，如五祖"磨房夜访惠能"，订下三更之约；如赵州古佛"卧床迎接赵王"，都把他们看成是作秀，太过用词不当了吧！

人到世间来，从出生到老病死时，一生可以说都是在作秀。儿童对父母的撒娇，为了博得父母的一笑；少年时讲义气、讲派头，在朋友面前一诺千金；青年创业时，热情、勇敢、牺牲、主持正义，他们都是作秀吗？妇女们从女童到小姐，有时矜持、怕羞，这都是作秀吗？当然，爱漂亮、化妆打扮、追求时髦，是在作秀，但是这样的作秀不就是人生吗？

建筑师为了建一栋大楼，雕刻师为了雕塑一件作品，画家为了画一幅山水画，厨师为了做一桌美味佳肴，他们在各自的专业领域里发挥所长，你认为都是作秀吗？不作秀又作什么呢？

牟宗三先生说："年轻人比记忆，中年人比智慧，老年人比意境。"人生本来就是一个秀场，在人生的秀场上，每个人都应该做自己的导演，各自表达自己，发挥自己的才华。至于秀场的精彩如何，就看各人的表演了。

贪小便宜

人，都喜欢贪小便宜。不过，贪小便宜的人常常因小失大，真是得不偿失。

金光党屡屡行骗得手，就是因为无知的人喜欢贪小便宜，所以拿了真钞票，换了一堆无用的废纸。参加老鼠会的人，莫不希望捞上一笔，但最后没有不落得一场空的。

一只猴子，抱了满怀的果子，眼看地上还有一颗，它对怀中所有，犹嫌不足，因此弯腰想要再捡地上的果子时，却让已有的果子掉落一地，这就是贪小便宜、因小失大的最好例子。

听到百货公司打折扣、大减价，赶快前去买了一大堆东西。东西虽然便宜，并不适用，不但浪费，连找放东西的地方都困难，因贪小便宜，反而造成自己的困扰。过去社会上曾推行"不二价"运动，但是直到今天，商、顾之间打折扣、讨价还价的现象，仍然非常普遍。

有关贪小便宜的行为，事例很多。买一瓶汽水，只要一根吸管就够用，但购买者贪小便宜，总会多拿几根带着走；买东西，一个塑料袋就够装，但购买者也会向商家多要几个，以满足他贪小便宜的心理。

贪小便宜的心理养成习惯后，最初只贪图一些赠品，最后贪污；最初只贪一些小利，但是愈贪胃口愈大，最后夜路走多了，总会遇到鬼。东窗事发，丢官事小，坏了一生的名声，甚至还要锒铛下狱，真是划不来也！

现在的人贪小便宜已成习惯，每遇选举时，就是贪图便宜的最好机会。流水席固然不会错过，肥皂、味素、毛巾、帽子等，也是无所不贪、无所不贿。过去只抓贿选的候选人，现在已经扩大到追查接受贿选的选举人。日前报载，一个村庄里的居民，三分之二都曾接受贿选，所以法院送传票时，都是挨家挨户地送，开庭时，村庄里的人更把法院挤得水泄不通。

我们的社会，充斥贪图便宜的心理，儿子服兵役，父母总要千方百计找人帮忙，希望儿子调到一个好的单位；儿女学校毕业了，父母也千方百计找机关主管，希望透过人情关系，为儿女找到一份比较好的职业。

到饭店吃饭，为了贪图便宜，不断叫服务生拿酱油、辣椒、盐醋，因为他认为这是自己应该得到的便宜，不能不要，如果不吃辣椒、酱油，便像亏了本、失去了便宜一样。到自助餐馆用餐，不管什么菜色，总要狼吞虎咽，大吃一顿，为了贪小便宜，结果把肠胃给吃坏了。

坐飞机，为了累计一定的里程数便可以获赠一张机票，本来无事，不必出国，但为了增加里程数，不得不去坐飞机。火车、汽车联营，可以廉价旅行，本来已经去过的地方，还是再次参加团体旅行，因为他认为自己已经讨到了便宜。

贪图利益、贪小便宜，这是人同此心，但是有砒霜毒药的便宜，可千万贪不得喔！

知音

汉朝的李陵在《答苏武书》说："人之相知，贵相知心。"一般人说："相识满天下，知音能几人？"可见"知心"和"知音"的重要。

达摩祖师为慧可安心，因为在悟道上相契，彼此成为"知心"。灵山会上，佛陀拈花，迦叶微笑，佛陀说："吾有正法眼藏，涅槃妙心，实相无相，微妙法门，不立文字，教外别传，付嘱摩诃迦叶。"佛陀把正法传付迦叶，是因为他找到了"知音"。反之，南泉禅师之所以斩猫，是因为找不到"知音"。

春秋时代的伯牙，一日在僻静处弹琴，正弹得入神，忽然传来"巍巍乎，志在高山"的赞叹声。伯牙一惊，怎么此人听得出我的琴声之意？即刻改变曲调，远方又传来"浩浩乎，志在流水"。伯牙找到此人，名叫钟子期，两人因此相识论交，成为"知音"。后来钟子期不幸早逝，伯牙痛失知音，绝琴于钟子期坟上，终生不复弹琴，以谢知音。

　　所谓"知音难求"，有时候即使亲密如夫妻，也不一定能成为"知音"，甚至貌合神离痛苦不堪者，大有人在，因此愈显知音的重要。

　　民国初年，蔡松坡知道袁世凯意图称帝，他有心起兵抗袁，小凤仙以一弱女子，毅然冒着生命危险，助其一臂之力，终于再造民国。蔡松坡和小凤仙，可谓实践爱国理想的"知音"了。

　　三国时代，诸葛亮在城门上弹琴，司马懿想从琴声中听出虚实，到底城中有兵无兵？最后还是被诸葛亮的"空城计"给蒙骗过去。因为司马懿不是诸葛亮的"知音"。

　　左宗棠是清朝的重臣，因为肥胖，肚子很大，他常常拍着肚子问人："你们知道我的肚子里装的是什么吗？"有人说："十万甲兵。"有人说："满腹经纶。"左宗棠都摇头否决，只有一个侍卫小兵大声回答道："将军肚子里装的是'马绊筋'（牛吃的草）。"左宗棠大乐，认为遇到"知音"，即刻封了小兵的官职。

　　宋朝的苏东坡也有同样的事迹，他经常敞开衣裳，露出肚皮，问他的妻妾们说："我的肚子里装的是什么？"有人答以"经世文章"，有人说是"诗词歌赋"，有人回曰"报国忠心"，只有侍妾朝云说："学士装了一肚子的不合时宜。"苏东坡抚掌大笑，深以为然，将朝云引为"知音"。

　　人与人互相成为"知音"，要经得起考验，不但要相知相惜，而且要生死不弃，苦难不离。就如古来多少的青楼艺妓，看中了心爱的落难书生，给予资助，所谓"慧眼识英雄"，最后书生成功了，相互引为"知己"。所以俗云："得一知己，终生无憾"，此之谓也。

气候

　　世间上变化最多的，就是气候。气候是冷热无常的，同一个国家，南方与北方的气候冷暖阴晴便有截然的不同。甚至同一个地区，一天当中"气象万千"，如澳洲墨尔本便有"一日四季"的特色。

　　气候因为受地理环境影响，而有热带地区、寒带地区、温带地区。不管哪一种气候、哪一个地区，都有人居住。正如禅师们说："寒冷的时候到寒冷的地方去，炎热的时候到炎热的地方去。"寒冷、炎热是躲不了的，只有面对它、适应它，才是处理气候的上策。

　　随着科学发达，现在一些极度寒冷的地方，除了有暖炕的设施以外，多数都有暖气设备；炎热的地方，则靠树荫遮阳、冷水回流，但现在大都使用冷气调节。

　　自然界的气候虽有冷热阴晴之变化，乃至有大陆型、海洋型、沙漠型、高山型、平地型等气候。但气候的变化总不及人的情绪变化之快。每个人的一生，每一时、每一分、每一秒，都像气候变化。有的人，我们跟他亲近，就感觉他柔和的性格令人"如沐春风"；有的人，只要跟他在一起，他冷酷无情，充满深秋萧飒之气；有的人，喜怒无常，脾气不定，我们只有形容他"晴时多云偶阵雨"了。

外面的气候影响人的身体，产生冷热的感觉；内心的气候影响自己的情绪，让别人从你的情绪反应当中，知道你当下是处在春夏秋冬的哪个季节里。

一个国家的文化，受气候影响很大。例如热带地区的人民，因为气候炎热，平时较少做体力上的劳动而重思考，因此民众往往身体肥胖、懒散而思想发达。反之，严寒地方的人民，由于寒冷，容易养成坚毅、刻苦、耐劳的精神。

此外，炎热的地方，饮食容易腐烂，低温下保存食物比较不容易产生变化。在寒冷的地方，动植物生长的韧性比较大，所谓"苍松翠柏"都是要经过严寒的洗礼；但是"直饶热得人流汗，荷池莲蕊也芬芳"，炎热往往也能淬炼出内在的精华。所以，管他是寒、是热，能适应，就是本领。

在现实生活里，有人喜欢四季如春的气候，不冷也不热；有的人则觉得过于平淡而缺少变化的人生，不够刺激。其实，四季分明的地方，春风的和暖，夏日的炎热，秋霜的严寒，冬雪的凛冽，就像人也有四季变化的性格，有的人和煦温存像春天，有的人热情如火像夏天，有的人严肃冷淡像秋天，有的人槁木死灰像冬天。

什么样的气候最可爱呢? 人生什么样的性格才最为大家所接受呢? 从气候变化里, 我们还不能得到一点消息吗?

变调

　　音乐界里，不管西洋的爵士乐、摇滚乐、古典音乐，或是中国的国乐、民歌、民谣，乃至欧美韩日等各个地区、各个民族，都有各自流行的音乐曲调。尽管各有各的调门，曲风不同，但是有一个共同不变的原则，那就是不能"变调"。变调，就不好听了。

　　音乐中的"变调"，其实是少有的事，但现在的社会，变调的事故却愈来愈多。男女谈情说爱，已经论及婚嫁，甚至已经结了婚，忽然"婚变"了。军人作战，正打得如火如荼的时候，忽然有人阵前倒戈，"变节"了。政党竞选，本来看好可以当选的一方，一夜之间民心思变，所谓"变天"了，不禁令挫败者慨叹、错愕。

　　交朋友，对方"变心"了；生了一点小病，本来不以为意，忽然"病变"了。不会煮菜的人，把菜煮得变了原味；有的人说话不能通情达理，变了原意；商场上，合伙经营的人忽然变换了立场，变换了主张。可以说，现在的社会真是像孙悟空的"七十二变"，变来变去，大家"以变为能"，一些不会变的人，就自叹不合时代了。

变，不是不好，"穷则变，变则通"，做人有时候也不能只是固执其一，而要有第二、第三、第四。凡事能有商量的余地，才能变通。

打棒球的人，要投变化球；从事政治的人，要变法维新。人要变化气质，理要通权达变。一成不变，不一定就坏，不断地改变，也不一定是好，问题是看你如何去变。

音乐里的变调，虽然不好听，但是循着变通的原则，逐渐改变、演变，未尝不是进步。人，要求进步，要懂得变，要知道变，要会变，更重要的是，要变好不能变坏。所以，世界上什么都可以改变，唯有道德不能改变，善心不能改变，人民民主不能改变，幸福安乐不能改变。

其实，世间无常，一切都在变化之中，沧海变桑田，桑田变沧海，不但地理在变化，气候在变化，人情也在变化，人心也在变化。世间上唯一"不变"的道理，就是"变"。如何变呢？变好变坏，端看各人用之于一心了。

手套

　　在中国内地等一些天气严寒的地方，每到冬季，大人小孩莫不把手缩在棉袄里，或者插在口袋里，再不然就是要戴手套。

　　手套本来是御寒的衣物，但是现在医生开刀要戴手套，以防细菌感染；厨师做菜要戴手套，表示卫生；外交人员也喜欢戴手套，表示文明、礼貌；乐队指挥戴着白手套，挥舞着指挥棒，不但引人注目，也代表指挥的权威；新郎新娘结婚时，更要戴手套，表示圣洁、高贵。

　　手套依其制作的材料，分有布制手套、棉制手套、丝织手套、皮革手套、塑料手套等。此外，组装电子精密仪器的工程师要戴防尘手套，从事制油行业的人有耐油手套，电力公司的工作人员有防静电手套，潜水游泳的人有潜水手套。其他如登山的人有登山手套，飞机驾驶也会戴手套，运动员如棒球、垒球的投手与捕手，以及足球的守门员，都戴有手套。

　　总之，现在的手套无论寒天、热天，无论工作场合或运动

世間上没有小人物，只要發大心，就是大人物；
世間上没有大問題，只要虚其心，就没大不了。

有突破困难的决心，才能获得良机；
有接受失败的勇气，才会获致成功。

场中，用途是愈来愈多，也愈来愈进步。甚至美国一位十七岁少年，更发明一种"哑语翻译手套"，在手套内装置电子仪器，能将聋哑人士的手势、意念，用文字显示出来，传达他的意思。

基本上，手套不管用来御寒、装饰、防尘、绝缘等，都有保护、掩护的作用。所以现在社会上就引申而有"白手套"与"黑手套"之说。白手套是象征正义的、公开的、圣洁的、合法的，一切都能公诸于世，让人明白、让人了解。不过，白手套虽然代表正当的行为，却也有人借着白手套的合法掩护，从事一些非法的行为，例如洗钱就是透过看似正当的管道，做一些违法的勾当。

白手套之外更有黑手套。黑手套表示不能光明正大行事，是上不得台面，是不能曝光，是邪恶、阴谋、暗中害人的，所以黑手套就更为人所不齿了。

社会上的各种用品，本来都是用来方便、利于人类生活的需要，立意本来都很好。但渐渐地总被有心人用来从事损人利己的事，例如有了手套就能湮灭证据，所以小偷、绑匪、窃贼、抢劫犯等，都会带着手套作案，以免自己的指纹留下痕迹。

自古以来，好人做事，都怕自己的行谊无人知晓，坏人则怕自己所作败露，为人所知。其实"若要人不知，除非己莫为"，为非作歹的人"夜路走多了，难免遇见鬼"。所以做人唯有行为坦荡，光明磊落，则大丈夫立身行事于天地之间，有什么怕别人知道的呢？

夹心饼干

　　现在的糕饼点心里，有一种非常受欢迎的食品，叫做"夹心饼干"，因为把或咸或甜的佐料，包在两片饼干中间，合起来吃，不但香甜美味，咸淡适宜，更是清爽可口，夹心饼干因此非常流行。

　　夹心饼干虽然好吃，但有一些人夹在两大或两强之间，也像夹心饼干一样，实在不是滋味。例如父母吵架，儿女就是夹心饼干，真不知到底应该站在父亲这一边？还是站在母亲那一边？

　　婆媳问题是一般家庭普遍存在的冲突，在婆媳之间，甚至在妻妾之间，做男人的更成为夹心饼干。在婆媳之间做了夹心饼干，那是不得已的事；在妻妾之间成为夹心饼干，那就是咎由自取了。

　　光绪是一个可怜的皇帝，在慈禧太后和珍妃之间，完全不敢有丝毫的表态，真是无味的夹心饼干；唐明皇虽有艳福，但也是一个乱伦悖理的可怜皇帝，夹在梅妃与杨贵妃之间，成了夹心饼干，不知道他的幸福在哪里？

经常有一些像夹心饼干的人，自己也不免慨叹："真是猪八戒照镜子，里外不是人。"现在社会上从事公职的公务人员，最高的领导人好当，最低的干部也好做，怕就怕担任中阶的主管，对上级的主管要讨好，对下面的干部也不敢得罪，成为名副其实的夹心饼干。

不但人与人之间夹心饼干难为，国与国之间，像欧洲邻近许多小国家，有时候成为强国的夹心饼干，左右为难。过去美俄两国最强，世界各地许多国家，在美俄两大强国之间，成为夹心饼干，不表态支持都不行。

新加坡有五分之一的马来西亚人，如果有一天马来西亚和新加坡发生了战争，已经入籍新加坡的马来西亚人，该怎么办呢？

成为夹心饼干以后，也要想方法处理。话说有婆媳两人不和，儿子夹在两个女人之间，不知如何是好。有一天忽然灵机一动，他告诉妈妈，半年后将和妻子离婚，请母亲勉为其难地在半年内多包容媳妇；另一边他又告诉妻子，半年后将搬到外面另筑小巢，请妻子在半年内尽量多孝顺母亲。半年后，婆婆舍不得媳妇离开，媳妇也舍不得搬离婆婆。

夹心，是平衡；夹心饼干就因为中间有夹心，才会爽口。因此，成为夹心饼干的人，如果善于用智慧处理，不要得罪任何一边，则吃到这边有美味，吃到那边也有甜头，就能皆大欢喜了！

播种

有播种才有收成，这是亘古不变的定律。社会上，有的人喜欢收成，有的人喜欢播种。肯当"前人种树"的，毕竟是少数；喜欢享受"后人乘凉"的，总是占了多数。

一般而言，有利他心、有未来观、有牺牲奉献之精神的人，都是愿当播种者。播种者未必希望自己有收成，他可能寄望于几百年后别人有收获。例如倡导环保、从事生态保护运动的人，便是本着珍惜地球、爱护后代子孙之心，未必是为了本身有所获益。

播种，先决的条件要有田地，所以佛教有悲田、敬田、恩田等八种福田之说。播种，有的是春天播种，秋天收成；有的是今年播种，明年收成；有的是今年播种，多年后才有收成。播种最重要的，要看播下的种子之品种好不好？因此农夫收成之后，会将好的种子储存起来，任凭饥荒粮食不足，都不会轻易吃掉明年春耕的种子。

现在的社会，非常讲究农产品改良，动植物都有专业人员从事研究，对品种的改良、取舍非常严格。其实，淮南的橘子到了淮北，就成为柑桔，因此品种之外，也不能忽视气候、水土等其他因缘的培植。

人也有品种的好坏，品种好的子孙，必然获得父母的爱护、师长的赞美、国家的重用。如果品种不好，不但成为父母的麻烦，也是社会的拖累。所以每一个人都要检讨自己的种子，是优、是劣？

好的品种，从因缘果报上来说，种子本身是因，是主力，但还需要外缘的助力，才能有好的结果。所以，好的品种如果没有得到好的因缘助力，可能也难以有好的发育；坏的品种如果得到好的因缘助力，可能也会有出人意外的成长。如民间台语有此一说："歹竹出好笋"，这虽然未必是绝对的道理，但"因缘"对"果报"确实扮演着重要的支配作用。

现在全世界的国家都严格把关，害怕别的国家把植物劣种带进本国，所以诸如美国的海关，便禁止携带植物种子入关。但二千多年前佛教从印度传入中国时，许多经由西域传道的高僧，带来了胡瓜、胡桃、胡椒、胡麻、胡萝卜等，增加了中国的蔬菜种类，贡献良多。

多年来，中国的农耕队也在世界各地，尤其是非洲国家，提供农业改良的生产技术，指导当地人种植播种，用实际行动把中国人的爱心种子，撒播到世界各地。

　　播种植物之外，人生也是时时在播种，人也有前因后果的种子，如个人的思想、见解都能成为种子，所以佛教徒把慈悲的种子、智慧的种子、欢喜的种子、善缘的种子，播洒给世人。我们拥有了这些好的种子，应该好自珍惜，好好地播种，才能耕耘出自己美好的人生。

风度

政坛上，参与公职竞选的人，宁可输了选票，但不能输了风度；牌桌上，打牌赌博的人，宁可输了金钱，不可输了风度；体育场中，运动比赛的选手，宁可输了名次，却不能输了风度。你看，打篮球的球员，一旦违规，裁判哨子一吹，就要举手认错；球赛落败以后，也要向对方握手敬礼，表示自己的风度。

一个人的举止不俗，不与人斤斤计较，我们就赞美他很有风度。政治家有政治家的风度，运动员有运动员的风度，学者也有学者的风度。话说有一位教授，一天带着儿子到市场买水果，正在用心挑选时，店主人等得不耐烦，责问教授："你到底要买还是不买？"教授连声说："要买，要买。"说后又继续挑选。一会儿店主人实在看不下去，终于不客气地说："不要再挑选了，不买就不买。"教授还是礼貌地回道："要买，我当然要买。"后来选好水果，付了钱，在回家的路上，身旁的小儿子一脸不高兴的样子，教授问道："你心里有什么事不高兴吗？"儿子忍不住说道："我今天真替爸爸感到羞耻，堂堂一个教授，竟然受一个商人那样呼喝侮辱。"爸爸安慰儿子说："孩子，你不要生气了，正因为爸爸是学者教授。"这种学者教授的风度，岂是一般人所能做得到？

风度本是魏晋南北朝用来品评时人的词语，后来发展为议论人物的精神和特质表现。风度，就是一种修养，一种尊重，一种包容，读书明理的人，大都能风度翩翩，为人恭敬。

谢长廷先生说得好：民主有"三度"，不但要有制度，还要有气度，更要有风度。美国总统选举，选输的一方所处理的第一件事，就是向胜利者道贺，表现自己的风度。英国人总被评价为最具绅士风度，佛教徒也常被赞美为具有宗教家的风度。乐毅在《报燕惠王书》里说："古之君子，交绝不出恶声，忠臣之去也，不洁其名。"这表示他做人的风度。玄奘大师在《慈恩传》里被形容为"言无名利，行绝虚浮"，这表示他修行者的风度。

战国时，老将廉颇"负荆请罪"，固然表示出大将的风度；年轻的宰相蔺相如不计前嫌，也表现了他宰相的风度。宋朝的石曼卿，有人上门争论，说他拥有的一头牛，是自己家中走失的。石曼卿说："既然是你家跑失的牛，你就牵回去好了。"后来此人发现错认了，把牛还回来，并再三致歉。石曼卿说："人难免有误会的时候，过去就算了，请不必介意。"石曼卿宽宏大量的风度，实不失他学士的身份。

士农工商有士农工商的风度，各行各业有各行各业的风度，男女老少都有男女老少的风度，在谈情说爱里也要有情场上的风度，甚至棋盘上，所谓"观棋不语真君子，起手无回大丈夫"，这表示观棋和下棋者，都需要有风度。

做人要有风度，才能为人所欣赏。三国时代的周瑜容不下诸葛亮，不但感叹"既生瑜，何生亮"，尤其他和刘玄德的故事——"周郎妙计安天下，赔了夫人又折兵"，在在显示他是一个没有风度的人，所以为后人所讥讽。因此，人不分贫富、贵贱、大小、智愚，输赢是兵家常事，但可千万不要输了风度！

灾难知多少

中国过去有"谈灾色变"的老话，现在二十一世纪虽然科学昌明，但灾难的发生依然令人"谈灾色变"。

说到灾难，自然界造成的灾难，有台风、地震、海啸、旱灾、水灾、热浪、火山爆发、沙尘暴、龙卷风、森林大火等。另有人为的灾难，如：战争、抢劫、绑票、车祸、情杀、仇杀、冤狱、代灾受难等。乃至经济风暴，造成供需失调，市面产品缺货，粮食不足等。

除了以上这许多外来的灾难以外，自己内心制造的灾难，也是为数不少，诸如　恨、嫉妒、欲望、自私、谎言、造假、伪装等。可以说，人生处处有灾难，时时有灾难，每一个人的身心所触之处，好像随时都有地雷、手榴弹，只要一不小心触及机关，就会受灾受难。

灾难的处理，用政治来预防，用经济来解决，用科学来消除，还是不够。灾难一旦发生的时候，已经是一个结果，只在

"结果"上计较，为时已晚。我们应该注意的是灾难发生的"原因"，从"因"的上面去处理、去预防；"因"是根，根本的原因不存在，后面又怎么会有不好的"结果"呢？

例如，房屋倒塌，必定是基础不良，或是由于偷工减料；你能从"因"上去预防，房屋怎么会倒塌呢？车祸很可怕，你能在平时保养好车辆，训练好驾驶技术，开车时遵守交通规则，如此又怎么会轻易发生车祸呢？刀枪血光之灾，都是因为平时造下了仇恨。你不去跟人结怨，怎么会有被刀枪伤杀的结果呢？

灾难的造成，与人心有关，必须要改心换性，要重新修改自己的基因业力，积功德、结善缘、开智慧、明事理、起正见、消罪愆、做善事，如果自力不能健全，要想消除那许多的灾难，就比较困难了。

其实，灾难也不是太可怕，凡人吃了五谷杂粮，怎么会不生病？处在多变的娑婆世界，怎么可能没有灾难？如果真有灾难发生时，我们除了预防、远避以外，有时面对灾难，处变不惊，自然以欢喜心接受人间的灾难，所谓"视死如归"，建立"幸福是生活，灾难也是生活"的认知，你不必怕灾难，灾难可能因为你的泰然处之，自然就会远你而去。

灾难知多少？灾难之多，多如恒河沙数。我以不变应万变，我以生死一如视之，我以安危同等之心处之，我又何必在乎什么灾难呢？

公德心

　　过去西方人批评中国人，都说：中国人富有人情味，但缺乏公德心。此言中肯，实有见地。所谓公德心，就是要有公共道德，例如在公共场所里，不可破坏公物，不可扰乱秩序，不可大声喧哗，不可乱丢东西，不可抢占座位，这就是公德心。

　　公德心是文明的象征。具有讽刺意味的是，在二十一世纪人文科技昌明的时代，仍然可见一些人出外游山玩水，喜欢在树木或石头上刻上自己的名字，甚至在世界各地也经常看到墙壁上被人任意涂鸦。更有许多场所明明昭告着"禁止抽烟"，瘾君子还是照抽不误；门口已经写上"敬请止步"，大家一样照进不误；博物馆的展览品旁竖着"请勿触摸"、"请勿照相"，大家仍然眼不见、耳不闻，照样触摸，依然照相，一意孤行，我行我素。

　　早期中国台湾的民众，随地吐痰，随处便溺，任意丢弃垃圾的现象，举目可见。近年来随着教育普及，生活水准提高，这些现象已经少见。但是人们出外旅行，大街小巷，搭机乘车，语笑喧哗，声音亢奋，仍然处处可见。尤其乘坐飞机时，飞机里的洗手间都写着："使用后请整理干净，以方便下一个人使用。"但是只要一经三个人使用后，必然一塌糊涂，总要劳驾服务人员清扫一番，这就是缺乏公德心的表现。

一般说来，没有公德心的人多数是"有我无人"，缺乏奉献服务的精神。所以在公共场所里，用过自来水后，总不肯随手把水龙头关好；开了电灯，也不知节约能源，不肯随手关灯；离开室内，不顺手关好门窗，桌椅倾倒，不肯随手加以扶正，此皆因为缺乏公德心之故。

缺乏公德心的人，对于公家的卫生纸，总要多拿几张；公共场所的纸杯本来一个就够用，总要多拿几个回家；公共洗手间里的乳液、肥皂没有用完，也要顺手牵羊带了走。

现在的公寓住宅，有人喜欢约三五好友回家打麻将，一打就是通宵达旦，噪音不断。平时看电视、听音乐，尽管电视台好心提醒："请将声音关小，以免妨碍邻居的安宁。"但一般人还是听而不闻。

现在有很多人，养狗不爱狗，养猫不爱猫；弃婴、弃老也时有所闻；仿冒、盗版，刊登不实的广告，甚至媒体报道一些不堪入目、不忍卒读的新闻，完全不管对社会风气已然造成负面影响，这都是没有公德心的表现。

现在的大众交通工具都设有博爱座，以方便残障和老弱妇孺，但是青壮年坐在上面，眼睛一闭，假装没有看到。事实上，你的心里能坦然、能自在吗？相对于现在的台北捷运，严格禁止将饮料、宠物带进车厢，乘客都能遵守规定，颇受好评。可见公德心的发扬，非不能也，乃不为也。

过去曾发起"敬老尊贤"、"你丢我捡"、"守望相助"等运动，现在的义工、义警、义消等义举不断，我们都给予赞叹。希望类似的公德心，能扩大影响整个社会。

公德心就是整个社会的灵魂，不知道它何时能归来呢？

怕

在世间，你有怕过什么吗？你说你不怕鬼、不怕狮狼虎豹，都有人相信，但是你不怕良心的谴责吗？你不怕因果的报应吗？可见得人可以天不怕、地不怕，但你不能不怕自己的良心，不能不怕因果的报应。

说到"怕"，人所害怕的东西可多了，女人怕老，老人怕死，英雄怕病，小孩怕暗。你有过这许多"怕"的经验吗？其实，人在世间上你也可以什么都不怕，但是人最怕的还是"人"。找你麻烦的主管，不可怕吗？给你打官腔的官僚，不可怕吗？欺骗你的朋友，不可怕吗？娶到一个母夜叉，不可怕吗？嫁给一个赌博酗酒的男人，不可怕吗？

不要说人怕人，人怕动物的也很多，有人怕老鼠，有人怕蛇，有人怕蟑螂，有人怕蚯蚓，有人怕蜘蛛，有人怕毛毛虫，有人怕虎头蜂。有的人胆小，无所不怕，也有的人自豪，什么都不怕。但是，人自我逞强也不见得强，世间上比人强的东西多得是。水火你不怕吗？地动山摇你不怕吗？真的有七爷八爷、黑白无常站在你的身边，你不怕吗？

自古以来，儒家都鼓励士子要敬天畏神，佛教则教诫信徒要怕因果业力，所谓"菩萨畏因"，连菩萨都有所怕，甚至佛陀也害怕"狮子身上虫"，所以真理怕谣言，谣言怕智者，愚痴怕智慧，邪恶怕正直。

除了人有所怕之外，世间上一物克一物，每一种动植物都有一个怕的对象。老鼠怕猫，猫怕狗，大象怕老鼠，青蛙怕蛇，蛇怕蜈蚣，蜈蚣怕公鸡，树木怕蛀虫，计算机怕黑客。

怕，不是弱者的专利，有时候再强大的国家也怕外侵，再有实力的团体也怕内斗，再兴旺的家族也怕浪荡子，再亲密的兄弟也怕阋墙。此外，小偷怕警察，帝王怕忠臣，奸臣怕烈士，武功高强的人怕暗箭，为非作歹的人怕法律，旅行的人怕迷路，航海的人怕失去方向，回家的时候怕高速公路塞车。

有此一说，人最怕的是痛苦伤心，树最怕的是剥皮挖根。又说"不怕人不请，只怕艺不精"、"不怕少年苦，只怕老来穷"。人最怕的应该是懒惰，懒惰的人终将一事无成，所以《佛光菜根谭》说："偷懒的人，会损失福德；精进的人，能增长功德。"

过去有人批评：怕老婆的男人没有出息。其实，怕老婆的男人必定是一个好丈夫。你说，有所怕有什么不好呢？

敢，就不会割地自限；

敢，就勇于破茧而出。

树木因为承受风吹雨打，所以浓荫密布，众鸟栖息；

大海因为不辞细流百川，所以宽广深邃，水族群集。

做人若能不计较不比较，则能涵容万物，罗致十方。

灾难

　　俗语说："是福不是祸，是祸躲不过。"灾难要来，真是"人在家中坐，祸从天上来"。

　　灾难，有天灾、地震、水患、风害、火烧等，这些还只是自然界的灾害，其他另有船难、飞机失事、车祸等交通事故的灾难。甚至有的人只是生个小病，却被医师误诊，造成终身不可挽救的苦难。例如有人肾脏开刀，本来应该摘除的是右边的肾脏，因医生误把"右"看成"左"，结果执刀医生把左边的割除，这个人因此没有了肾脏；本来是"食"指有毛病，只要把食指切除即可，但实习医生把"食指"写成"十指"，十指都切除了，还能做事吗？所以，天灾、人祸，各种三灾八难，实在不容易防止。

　　老子说："祸兮福所倚，福兮祸所伏。"人在享受幸福的同时，其实灾难已然隐藏。例如：因爱不是也会生恨吗？因恩不是也会成仇吗？爱恨情仇就像难兄难弟，都会惹下杀身之祸。

所以，幸福和灾难是相对的，有好的就有坏的，有幸福就有苦难。恋爱中的情侣可以毁容泄恨，这都是由爱而起，如果对一个自己所不爱的人，也就不会产生恨意了。

人生是很脆弱的，自己对抗不了灾难，因此要靠群众、靠国家、靠外援，有时候靠信仰来消灾免难。但是，你"求不得"的困难，信仰怎么帮助你呢？你"怨憎相会"的苦难，信仰怎么帮助你呢？你"水火刀兵"的灾难，信仰怎么帮助你呢？能帮助你消灾免难的，除了你自己之外，没有别人。所谓"天作孽犹可为，自作孽不可活"，自己不去解决自己的问题，靠别人帮助，当有那个因缘的时候当然可以，不具备因缘，呼天喊地，求佛乞神，又有什么用呢？

所以，消灾免难的方法，最好就是自己结缘行善、自己立功立德、自己忏悔消愆、自己深信因果，当你把受灾受难的原因去除之后，不必求神问卜，灾难自然就会消除了。

目前的交通事故、天灾地变，都是共业所感，你能从共业中解脱出来吗？信仰能帮助你消灾免难，但"解铃还须系铃人"，你也不能不有所觉悟喔！

保护

　　保护是美好的行为。父母保护子女、老师保护学生、警察保护民众、医护人员保护病患、长官护念部下，有力者保护弱者、有智慧者引导无知者、有财富者布施贫穷者，甚至人民要保护国家、爱护社会，这都是很自然的道理。

　　除了人类之外，动物也懂得保护。如：母鸡为了保护小鸡，不惜与老鹰搏斗，雄鸵鸟为了保护雏鸟，也会在雌鸵鸟的四周环伺，以防敌人来袭；再凶猛的老虎和狮子，也会保护其子以防伤害；甚至乌龟、蜗牛也会钻进壳里保护自己。

　　保护就是守护、防护、爱护、护卫的意思，古代皇宫在四周建护城河，保护皇室的安全；秦始皇建万里长城，用来保护国土；重要人物要侍卫拥护而行，以策安全；勇士也要配枪、配刀来保护自己；军人出征，也会佩戴宗教的护身符，以求平安归来。

　　从保护自己到保护家庭、事业外，现在的人，也扩大保护的范围，如爱心妈妈、义工、义消、义警等，都是自动奉献出时间、力量来保护社会；还有人保护生态、重视环保、响应联合国的号召，共同保护人类的历史和文化遗产。

什么都可以保护，就是不能"护短"，人一但护短，做人处事就不能公平公正，会被人看轻。护短的人，朋友不愿意和他交往，长辈不喜欢与他打交道，属下也不会敬重他。如周幽王，只爱褒姒不爱民众，点燃烽火台只为博得美人一笑，而导致国破家亡；唐玄宗、吴三桂，都因为好色重于护国护民的缺点，终于身败名裂。

保护公理，护持正义，是历史处事的根本，宁可自己委屈，也要让真理得彰；我们要爱护自己的生命，就要保护身体健康；我们要保护自己的信仰，就要建立正知正见；我们要保护财产，就要节俭、惜福；我们要保护事业，就要勤奋工作。

人人不但要爱护自己，更要爱护公物。"爱护常住物，如护眼中珠"，这是佛教对修道者的教示。全民应有的公德心，就是要爱护公物，如在公园里不要破坏公共设备，在马路上，不要随便乱丢垃圾。甚至于感情也要保护，不可以让感情伤害自己，也伤害别人。

人生学会了保护自己，还要学会保护他人，才是生存之道。

治心

治国容易，治家难；治家容易，治人难；治人容易，治心难。

世间上，一些有名的将相，可以把国家治理得很好，但是一回到家里，却和自己的妻子、儿女，没有办法和平相处，这不是治国容易，治家难吗？也有一些人对家庭的生活、人事，都能照顾得周全，但对自己的内"心"却很难处理，例如心中的欲望、怨恨、烦恼、邪见，都没有办法制伏，所以经常为内心的七情六欲而烦恼。

"心"如乱丝，不理不清；心如古镜，不磨不明；心如劣马，不勒不驯。"心"是我们的主人翁，它领导眼、耳、鼻、舌、身，每一天的活动。一个人每天的行事，有时只是心中的一念之差，就能让自己身败名裂，或是功成名就。所以治心，是何等的重要啊！

治心，确实很难，因为佛经里，把"心"比喻如盗贼、如猛兽、如猿猴、如国王，所以一个人要用什么力量，才能"降伏其心"呢?

要如何治心? 提供四点意见, 贡献给大家:

一、要懂得修心。桌椅坏了要修理；房屋、水电坏了, 也要修理；衣服破了, 要修补；如果心坏了, 被贪欲、无明、傲慢给蒙蔽了, 怎么能够不修理一下呢? 要如何修心呢? 以慈悲喜舍, 禅净戒行的武器来对待, 才能修心。

二、要懂得收心。我们的心, 如所谓的"心猿意马", 一不留意, 就会在外境上为非作歹；王阳明先生说："擒山中之贼易, 捉心中之贼难。"收心, 就如官兵降伏匪徒, 警察抓拿盗贼, 你的官兵和警察在哪里呢? 正念就是你的官兵, 正见就是你的警察, 要好好地利用它们才能收心。

三、要懂得用心。人常常被心所用, 自己却不会用心, 所谓心为形役, 我们的心常被五欲六尘左右, 被外境的色、声、香、味、触、法所驱使；心中的无明贪, 一再逼迫我们, 跟我们作对, 所以我们必须要让"心"为我们所用, 有智慧般若才懂得用心, 要通达情理才懂得用心。

四、要懂得明心。禅宗讲"明心见性", 就是要我们明白自己的心, 要清楚当下的每一刻, 时时看照自己的内心, 不要让"它"自由出入, 不要被"它"奴役, 要时时刻刻观照、明心, 用正见、正思来对治, 如此心就能明了, 如此何事不办呢?

本性

　　人之性，孟子提倡"性善"，荀子提倡"性恶"，《大乘起信论》则认为人性有善有恶。

　　本性，是除了万物本身具有的之外，还要靠学习。先天的本性是需要开发的，而后天的本性是学习而来的。如人的本性，具有成佛的能源，加强体会悟道，就等于从本能里充电。

　　人的眼睛能看、耳朵能听、舌头能尝味、鼻子能呼吸、身体能感触，这是从人的本性，所发出来的本能。

　　庄子说：马的蹄，可以用来践踏霜雪，毛可以用来抵御风寒，饿了吃草，渴了喝水，兴起时扬起蹄脚奋力跳跃，这就是马的本性。世间万物，也都有它的本性，如太阳有太阳能、火有火力、水有水力、风有风力，这些都有发电的本能；音乐的本能是和谐，风的本能是飘动，花的本能是吐露芬芳，老鹰的本能是俯冲，雄鸡的本能是报时，壁虎的本能是断尾巴逃生，狗的本能是看家，蜜蜂的本能是采蜜，乌贼的本能是吐墨，其它如含羞草、向日葵等，都各自有它们的本能。

好战是阿修罗的本能，慈悲是菩萨的本能，星辰雷电、风雨云霞也都有它们的本能，儿童好哭是在展现他的本能，女性爱美也是本能。将人类的本能好好地发掘、开采，发挥人性的慈悲、般若、佛性、这就是人类的本性的能源了。

本性是可以探索的，本性是人人平等的，本性是众生本具的，只是个人用心着力不同，就分出智愚、贵贱、奸贤的不同了。

有的人聪明、天才、灵巧，具有很高贵的本性，但也有的人，笨拙、懈怠，把本性弄得黯然无光了。

一般的男士，表现勇敢、冒险、大方、豪放，就是所谓的英雄的本色；女人的细心、柔和、娇态、爱美，这就是女人的本性。本性要自己发掘、开采，就如金银藏在深山中、矿物里、地底下，你不开采、不发掘，如何获得自性的宝藏呢？

如何开采本性里的能源？过去要我们多读圣贤书，要知晓礼义廉耻，奉行信义和平；现代的社会，希望大众能发挥负责、乐群，具有正义，维护公理的本性。

佛陀经过了苦行，终于证悟了真理，也不禁高喊出"大地众生皆有佛性，只因妄想执着，而不能证得"。所以我们要想证悟自己的本性，体会永恒的生命，就要把自己融入大宇宙中，与之共存，那就是我们与佛陀的本性，平等共存了。

侵略

　　佛教的五戒，其实就是要人做到尊重自由、不侵略他人。不杀生，就是不侵犯别人的生命；不偷盗，就是不侵犯别人的财产；不邪淫，就是不侵犯别人的名节；不妄语，就是不侵犯别人的名誉；不饮酒，就是对自己的理智不伤害，从而不去侵犯别人；甚至不吃毒品，就是不伤害自己的健康，当然，也就不会侵犯别人的所有了。

　　现在世界不能和平，是因为异议分子性好侵略所致。如国与国之间的刀兵争讨，领空、领海的占有，经济、文化的侵略等。

　　恐怖分子的侵略，搞得举世不安，如计算机黑客，是侵略人类的智慧与发明；一些没有规范版权的国家，他们盗印、翻印，是侵略别人的文化、智慧、财产权。还有，说话没有保留、得理不饶人，带着如刀如剑的语言给人难堪，这不就是侵略吗？社会上常发生的性骚扰、强暴，这都是对人身的侵略；为一点芝麻绿豆大的小事，拳头相向、刀棍齐来，这不也是对他人的身体、他人的生命侵略吗？所以，侵略就是对别人权利的破坏，侵略是一种恶劣的行为。

人类互相侵略不够，还要侵略大自然，如海洋上的滥捕、山林的滥垦，甚至连空中的飞鸟都要滥杀，如此毫无顾忌地迫害，难道不怕因果循环？

希特勒、东条英机，都是第二次世界大战的侵略者，他们哪一位获得了胜利？当初八国联军侵略中国，想要瓜分中国，使得中国含泪忍辱，现在中国强大了，二十一世纪成为中国人的世纪了，难道要冤冤相报吗？

自古以来，五胡十六国的互相争夺、五霸七雄的相互侵略、金兵和清人的南下、成吉思汗的西征，曾几何时他们所拥有的，又在何方？

抑制侵略，要从思想及内心净化做起，世界需要和平，和平需要相互尊重，尽管大家的文化、语言、思想不同，我们要容许不同类型的存在。

自由生存、安乐生活、和平相处这是共同的愿望，所以现在全世界最重要的问题，就是各国共同研究如何不侵略，给予每个国家领土、经济、文化的自由；给予每个地区都有语言、习惯的自由；给予每个人都有生存、信仰、思想的自由。

不侵略，不能光靠法令的限制，需要从道德、慈悲、无我的认知上来自我净化，如此才有民主自由真正的一天。

性能

世间上的万事万物，各有各的性能，性能好的，价值就高，性能差的，价值就低。

佛说："一切众生皆有佛性"，既有佛性，就表示众生性能平等。但是，由于人类成长过程的努力和外在因缘的不同，而有学识与成就上的距离；物品也是如此，因制作过程的不同，而有好坏之别；这就如平等地踩在同一线上，却在起跑之后，因能力的不同，而有成果的不同。

一把刀剑，性能差的，只要百元就可买到，性能好的，一万元可能还买不到；一部汽车，性能好的要数百万元，性能普通的只需数十万元。所以性能的好坏，直接影响人们对此物的评价。

除了性能之外，还要看功用，就如都市的土地，一坪要百万元以上；乡村的土地，一公顷只需数千元；人也是如此，明星可以月入百万元以上，有的人，却连找个几万元可糊口的工作都不容易；其他如计算机、照相机、复印机、行动电话，也都因功用的不同,而有价值上的差异。

又如到布店买衣料,会有不同的价码;到粮食行里买米谷,也有不同的等级;到加油站加油,油价也有许多的分类;到药店里买感冒药,也有价码的差别。所以,不同者,皆因性能不同、功用不一,而有所差别也。

有时,性能太好,也会增加麻烦,如:"能者多劳",有能力者,就要多辛苦;做得太好也会被嫉妒、批评,就好像花开放得美丽,会被人采折,树长得高大,也会被人砍伐。所以,性能好的人,要能禁得起人间的压力。一个人越能承受外在的压力,以及他人的批评,就越有价值,越有成就,因为他有好的性能。

佛教有一句话叫"四大皆空",就是说明人生、万物都由地、水、火、风四大种元素组织而成,所以就具备了各种不同的性格。人应该要有大地的性格,能生长万物、能承载一切;人应该要有流水的性格,能滋润万物、能随遇而安;人应该有热火的性格,能创造文明、能温暖世间;人应该要有和风的性能,能潇洒自在、能传播种子,让万物生生不息。

人应该要发掘自己的性能,增加自己的性能,培养忠孝仁爱、信义和平、礼义廉耻,所谓四维八德的性能,并且开发我们性能里的宝藏,才能发挥人的价值。

留

　　留，要留什么给人呢？有的父母，留一大堆的财产给儿女；也有一些父母，留一大堆债务给儿女；有的人把圣名美誉留给人间，即所谓留芳百世；有的人将丑恶坏事留给社会，就是所谓的遗臭万年。立功、立德、立言，这是把好的留传给历史；害人、害事、害国，就是把坏事留在人间。

　　这个世间，有多少人留下东西给我们？除了亲属的遗财、遗德；前人遗留的知识，科学家留下的种种发明，社会留下的公共建设外，我们也要问自己，我能为大众留下什么呢？

　　就算一位没有大用的人，他也可以留一点时间给人，也可以留一些义行给人，当然他也可以留一点好行好事给人，人总要留一些余地给人，不留余地，自己也不得转身。

　　现代的建筑，讲究要留有空间；艺术家画画也要留些空白；仓库、冰箱如果不留点空间，物品很容易变坏；人与人之间，也要留有一点距离，才美好；而人和人相处，要留有一点道义，才有人情。

现代的社会，可以留下你的留言、留声、留音；金银财宝有银行的保险箱，为你保留；监控系统、录音机、传真机，都会替你保留你所要的证据。

做生意的人要留一些老本，以图东山再起；家居的生活要留些余粮，以备不时之需；计算机的资料，要留有备份，以防计算机死机；生意往来，要留有收据，作为银货两讫的证明；房子要留有紧急逃生口，以备紧急危机；认识新朋友，要彼此留下电话，以便将来联络。

在学校读书，成绩不好，会被留级；在社会上，违警犯法，警察会将你扣留在警局；男人拈花惹草，处处留情；女人年纪大了，女大不中留；好的官员，可以留任；好的法官，可以在法中留情；但也有的人，报仇血恨要斩草除根，免得留下后患；过马路、开车时，都要留心；在人群中，要留意自己的言行，免得别人不欢喜。

我们做人不可操之过急，应该等待机会，留有蓄势待发的因缘；眼泪不轻流，表示留有力量；拳头不轻发，表示留有实力。

我们应该要留下什么？不该留下什么？秦始皇，焚书坑儒，暴政专横，留下的是骂名千古；文天祥的浩然正气、史可法的高风亮节，都是芳名留世。

树死留皮，人死留名，我们来到世间，要留一些什么给人，就看你处世心态如何了。

表现

　　人从出生后，就不断地在表现。儿童为了达到希望和目的，以哭闹来表现；及至青少年，以勇敢、热情、活力来表现；成年之后，以智慧、能力、成就来表现。有的人，用财富表现势力和地位；有的人从仪表上，表现稳重的人格；有的人，用道德表现自己是君子；有的人用聪明、智慧表现才华。男士用西装笔挺表现英气；女士以化妆打扮表现美丽。

　　各行各业的人士，都要表现他的专长。如：歌手表现嘹亮的歌喉；运动选手表现特殊的技能；厨师表现色香美味的厨艺；演说家表现讲演内容的动人；科学家表现研究的成就；企业家表现产品的质量；军人的枪刀、文人的笔墨，在在都是表现他们的特殊才能。

　　学校每年以甄试方式，选录学生，学生的成绩表现，是录取的条件；企业团体征才，也是录取有能力者；空中小姐表现端庄的仪态，因为这是服务的必要礼仪；交通司机最重要的表现，就是守时；商场里最高的表现，就是信用；工农阶层以勤劳表现生产；教师以口才、创意点子，表现诲人不倦；宗教家以弘法利生表现慈悲。

世间上，除了人要表现之外，大自然也在表现它的特性：花儿盛开表现它的美艳；青山翁郁表现它的雄壮；树木挺拔表现它的雄伟；日月星辰表现它的光明；碧海蓝天表现它的广大；涓涓细流表现它的源远流长。

有些动物也讲究表现：如孔雀开屏表现它的华贵；蜘蛛结网表现它的威力；海豚演出表现它的特技；鹦鹉说话表现它的模仿能力；狮子的吼声表现它的威武；蚂蚁觅食、蜜蜂采蜜都在表现它们的工作能力；狗摇尾巴表现对主人的忠心；熊的慢步表现稳健踏实；骏马日行千里表现奔跑速度。举凡世间的鸟兽虫鱼，都在各自表现自我的能力。

表现要能适当，因为适当的表现是正派、正当。表现不可以矫揉造作，尤其在团体中，不可太过自我的表现，而不重团队精神，如此会令人反感。

适当的表现是美感；适当的表现是一种艺术；适当的表现是能力的展示。我们有什么好的能力与特长，就好好地表现吧！

享受牺牲

　　社会上经常有人说"牺牲享受"，把自己的时间、体力、贡献给社会大众，叫做牺牲享受。其实，助人为快乐之本，广结善缘必定会得人缘，所以，"牺牲享受"也可以叫做"享受牺牲"。

　　母亲把青春、体力、爱心，奉献给儿女，从儿女那里，听到天真烂漫的音声、童言无忌的乖巧、看到活泼可爱的模样，母亲就得到了牺牲的享受了。

　　作家熬夜完成著作，牺牲睡觉、牺牲游玩的时间，看起来像是牺牲了种种的享受，等到功成名就时，不就是享受牺牲了吗？

　　老师教育弟子，付出种种的爱心、耐心，牺牲了多少的精神与时间，当他的弟子有所成就时，即使学生没有回报，老师也能感到教育的美好，如孟子所说，得天下英才而教育之，为一乐也。这不也是享受牺牲吗？

工程人员,为了桥梁、道路、大楼、公共设施,牺牲体力、付出汗水。等到完工时,造福世人,这些工程师、建筑师所付出的劳力,不也能感受到牺牲的享受吗?

捐血和捐赠器官给别人,当别人因你的血液、器官而获得健康时,你也会因此而感到快乐,这不也是享受牺牲吗?

清道夫,看起来天天与杂乱、污秽在一起。但是当沟渠、街道因而干净、整洁,病媒因此而消迹灭踪,清道夫给予社会大众的贡献,不也是享受牺牲吗?

运动员,为了在运动场上扬眉吐气,接受艰辛的训练,他们付出了辛苦、忍耐与体力,当他们得到胜利的时候,不就可以享受到牺牲的快乐吗?

小丑,为了博得观众的欢笑,牺牲自己的形象,做出各种滑稽的动作,自己也因而忘却烦恼、感到快乐,这不就享受到了牺牲的快乐吗?

现代社会的义工,出钱、出力、牺牲假日,到处帮助需要协助者,当别人的事情因此而顺利完成时,他所获得的快乐,不也是享受吗?

牺牲就如播种,一分耕耘就有一分的收获;牺牲看起来像是吃亏、受苦,像是为别人而做的,其实,牺牲是为自己,因为一切的付出,是不会白费的。当你用血汗去灌溉,用智慧去耕耘,发挥愿力,付出金钱、劳力与服务的精神,别人因此而获得健康、快乐、平安时,你所得到的功德,不就是享受吗?

什么是最有价值的人生呢？就是享受牺牲。能够付出爱心的人，是最快乐的人。国家社会因有享受牺牲的人，才能有所成长；家庭也因有牺牲奉献，才能光宗耀祖。所以牺牲享受，享受牺牲，是让自己与别人获得快乐、成就、祥和的重要因素。

迷思

三千大千世界，整个宇宙虚空，许多无量无边、无限无界的问题，永远是我们的迷思；人际间相处，有的人飞黄腾达、一路顺风；有的人处处含辛茹苦、举步艰难。为什么世间这么不公平，这也是我们的迷思。

为什么花儿谢了，明年可以再开放；为什么青草枯了，明年又发青；为什么人死了，不能再复活？这也是人类的一个迷思。

鸟儿为什么要歌唱？世间为什么弱肉强食？气候为什么千变万化？太阳为什么一定要从东边升起？鸟兽为什么会成为鸟兽？每一个人为什么要生老病死？这些都是我们没有办法解决的迷思。

人生从何来？死往何处去？是永远解不开的迷思，世间所有"先后问题"的迷思，是科学家很难解决的问题；是哲学家横说竖说，愈说愈不明白的问题；只有在宗教中的佛教，对过去、现在、未来，对人生的前世、今生和来世，才有一个完整的理论说明，才能解决我们生活中所有的迷思。

例如"因缘果报"，就能解决以上的迷思；又如"业力造作"，也能说明上述的迷思；还有"缘起缘灭"，也能解释上述的迷思；从"中道有无"，也能理解上述的迷思。

既是迷思，入到迷思里，当然不容易走出来，要从迷思中寻找答案，才能脱离迷思。例如生从何来？答案就是从死而来！死往何去？答案就是从生而去！先有鸡呢？还是先有蛋？这不是先后的问题，而是如一个圆形的时钟，从一走到十二，又从十二再回到一来，哪有什么先后的问题呢？

我们读书应该要明理，但是世人常是聪明反被聪明误；读书的本身就是要让思想更清晰，但往往是让世上多出一个迷思，就如任何一件事情，只要连续问三个"为什么"，它就是一个迷思的问题了。

人类求神通，以为天耳通、天眼通，是什么都能听到、什么都能看到，结果反而是更大的障碍与迷思，因为没有神通的人，明天要死了，后天要死，今天都因不知道而能开心吃饭，快乐说笑；假如有了神通，自己知道明天要死了，你还能快乐自在吗？如果你有天眼通，看到那么多苦难的人，你还能快乐吗？如果你有天耳通，听到别人在骂你，对你不满、对你虚情假意，你还能自在快乐吗？

人类无法解决的问题，从研究里无法解决，从读书中也不能解决，人生迷思的问题，只有从觉悟中才能解决。

花花世界

你有见过花花世界吗?

走进公园里,百花盛开、万物争奇斗艳,这就是花花世界;走到都市里,红男绿女、灯红酒绿,这就是花花世界;到了社会上,五光十色、人情诡异,那就是花花世界;甚至各种学说、流派、团体,千奇百怪的言论,阴晴不定的事物,好好坏坏的过程,都算是花花世界。

花花世界令人眼花缭乱,令人意乱情迷;花花世界是浮华璀璨,具有诱惑力的世界,人一不小心,就会堕入五彩缤纷的花花世界,而流连忘返,不知身在何处了。

其实,除了外在的花花世界外,古人有古人的世界,今人有今人的世界;男人有男人的世界,女人有女人的世界;东方人有东方人的世界,西方人有西方人的世界。除此之外,诸佛菩萨,也都有各自的世界,如药师佛的琉璃世界、阿弥陀佛的极乐世界、观世音菩萨的慈悲世界。每个地方,每个种姓,都有各自的花花世界。

例如：文学家有文学家的世界，科学家有科学家的世界，演艺人员有演艺人员的世界，画家有画家的世界，富人有富人的世界，哪怕是贫无立锥之地的流浪汉、游民们，都有他们各自的心内世界。

《论语》说："君子和而不同，小人同而不和。"每个人都想创造一个与众不同的、属于自我的花花世界，自我的花花世界，应具有什么内涵呢？自我的花花世界是一个专才的世界；是一个芬芳、能与他人分享的世界；是一个自我的欢喜，也能与人共有的世界；是一个清净，可以回归到自然的世界；是一个讲仁义道德的世界；是一个真善美的世界。如果每个人，都能在各自的世界中精进努力，就不会被外在的花花世界所迷惑了。

不过，虽然外在的花花世界令人"目盲"，但是人们也因这个花花世界，而有留恋之心、而有长生不老之念，所以我们不能排斥来到这个世间，而自我结束生命，如老子所说"是以圣人之治也"，"故去彼取此"；在花花世界中，可以"百花丛里过，片叶不沾身"；也可以"建设水月道场，大作空花佛事"，亦可如周敦颐的"出淤泥而不染，濯清涟而不妖"。

尽管外在花花世界的虚虚假假，但是，我们内心的世界，要无风、无浪、无花亦无香；尽管外在世界名利权位的争夺、财富享乐的追求，但我们的内在世界，要有如韩愈所说"与其有乐于身，孰若无忧于其心"的知足与自在。

面子

　　人人都爱面子，尤其是中国人，为了面子才去读书上进；为了面子才买下豪华住宅；为了面子才乘坐进口汽车；为了面子才培养孩子学习才艺；为了面子才穿着名牌衣物；为了面子才全家出国旅游；甚至为了面子，婚丧喜庆就得铺张场面、耗资高额。

　　其实，面子不一定要靠外表来装饰，只要自己有学问、有品德、有才艺、有人缘那就是有面子；只要自己正派稳重，受人肯定，那就是给他面子，对他歌功颂德。

　　中国人喜欢讲关系、套交情、论人情。因此，江湖好汉常会为了你给他面子，他就不得不为你出生入死。甚至于家里的佣仆，也会因你给他面子，他就心甘情愿地为你牺牲。

　　什么是面子？有的人"送礼"就是给他面子；有的人请他"吃饭"就是给他面子；甚至专程拜访，也是为了给他人有面子。总之，只要你对他人看重、对他人恭维，都是让对方有面子。

　　但也有一些人，你横说竖说，他就是不肯卖你面子，所以有时候，遇到一些不接受我们给他面子的人，什么事就都不好商量。

世间上，靠金钱能解决问题，靠好话也能解决问题，靠交情也能解决问题。其实，除了金钱、语言、交情以外，更要从道义上来解决问题，这就比靠面子来解决要好多了。

"面子"要看在什么时候使用，当要面子的时候要面子，不要面子时，就不必用面子来做人情，像国家的荣誉、家人的形象、朋友的关系、同事的往来，都应该要顾到面子。如果为了个人的面子，而不顾国家、社会大众的利害得失，那就是太不应该了。

给人面子，也要注意自己的面子。所谓自己的面子，就是要有佛教的八正道：正当的职业、正当的见解、正当的思想、正当的心念、正当的语言、正当的禅定等。假如能更进一步利国利民、爱众爱己、广行善事、广结人缘，给别人赞美肯定，那就是给自己最大的面子了。凡事正当行事，才能普利大众、让别人肯定，如此就是让自己有面子。

要面子、不要面子，都不可以极端，有一些人像"吊死鬼擦粉"死要面子，这种人不以学业、道业、功业来维护自己的形象，只是死要面子，求荣反辱，实在划不来。因为面子象征一种荣誉，荣誉是人格的光辉，是自尊、尊人的表现，能尊重别人，就是给人面子，也就是给自己面子了。

走出去

　　科学文明快速发展的今天，"闭门造车"与"故步自封"，已不能适应世界潮流的脚步，唯有走出去，才能与各国相互交流，吸收国际知识；走出去才能自我推销。元好问《清平乐》："井蛙瀚海云涛，醯鸡日远天高。醉眼千峰顶上，世间多少秋毫。"因此，走出去才会发现自我的渺小。

　　一个国家，外交要走出去，才能与邻国邦交；商人要走出去，才能推展贸易；产品要走出去，才有行销之路；读书人要走出去，才能扩展见闻；农人要走出去，才能改进产品，推销农作物；甚至出家人，"一钵千家饭，孤僧万里游"，走出去了，才能成为领众的法师。

　　哥伦布走出去了，完成人类首次横渡大西洋的壮举，有人对他的发现不以为然地说："只要一直往西行，任何一个人都会碰到陆地"。哥伦布回答："对！我们的差别，就在你不敢，我敢！"走出去，或许会有风浪；走出去，或许会有灾殃。但是蚕要破茧而出，才能成为美丽的蝴蝶；人也要有险难，才能茁壮。俗语有句话："你心爱的孩子，要让他走出去。"如此才能让他成长。

走出去，有冒险；走出去，需要探索；走出去了，就有不同的因缘。中世纪的佛教大使们，到印度求法，因为走出去了，才能带回佛教的三藏经典；张骞等出使西域，才能开拓闻名的丝绸之路；明代郑和七次下西洋，而把中华文化传向远方的国度；至圣先师孔子，也是走出去，推行仁义，乃至佛陀也是走遍五印度，将佛法弘传开来。

走出去，才能世界化、国际化。如汉、唐时期，因外交能走出去，才能创造历史的盛世；而清朝末年，因封闭自大，自我陶醉，于是将中国人民带向被列强欺侮的悲伤之地。

现在社会上，有很多人因为感情不顺、读书压力，或是走不出悲伤与恐惧，最后选择自杀，来了断自己的生命。所以，走出去，才能摧毁自我局限之框；走出去，才有希望；走出去，才能看见阳光；走出去，就如打开心窗，可以扩大自己的视野，可以吸收美丽的风光。

企业，要有创新，走出去，才能增强自己的竞争力；产品，要有品质保证，走出去才能打造世界品牌；国家选手，要有精湛的专才，走出去才能与对手较量；学子，要有语言能力、丰富学识，走出去才能与不同学者相互砥砺。

走出去，表示你已具备对外竞争的能力。荀子说："学不可以已。"是说学习是不能停止的，人不能自满于现况，所以走出去，才能发现自己的不足，才能兼取众长；走出去，才能融入大众，才能获得世人的认同与尊重。

作品

　　人生，应该有几件杰出的作品，才不辜负自身。

　　文学家以文章、散文、诗歌为作品；画家以山水画、人物画、花鸟画为作品；雕塑家以木雕、铜雕、陶艺品为作品；军人以参加多少战役、打过多少胜仗为作品；政治家以政治理念的实践为作品；企业家以工厂、产品、经营所得为作品；科学家以发明、创造、发现为作品；工程师、建筑师以建筑物、桥梁、道路为作品；农夫以农产品丰收为作品；园艺专家以盆栽、花果、培植成功为作品；父母以儿女光大门户为作品；老师以学生成绩优良为作品；甚至儿童有儿童的作品，青年有青年的作品。人的一生中，每个阶段，都应该有不同的作品，才不虚此生。

　　每个人以你现有的身份，好好地表现尽责，那就是一份好作品，如主妇，以居家布置典雅为得意的作品；厨师，以菜肴的色香味美为拿手的作品；政治人物、经济学家，以人民安乐、经济繁荣、社会和谐、风气善良为成功的作品；侍者，可以把主人侍候得体，为他的作品；秘书，可以将老板的行程规划得完美作为作品；老板的成就也是员工的作品。

人间是富于作品的，就如李白所说："大块假我以文章"，好好地利用这个世界，这世间就可以成为任何人的作品。如种植一朵花、一棵树，花树都是我们的作品；会说美好的语言、会讲说令人感动的道理，语言道理都是我们的作品。

不过，好的作品也要有人欣赏。一个善于歌唱的人，没有人爱听他的歌曲；善于演说的人，没人邀请他讲说；有悲天悯人胸怀者、有雄才大略能力者、有盖世惊人理论者、有化腐朽为神奇的专才者，但是怀才不遇，直让人有找不到伯乐之憾。

如洪通、梵高的作品，都是早期没人欣赏，直到死后才受人肯定；又如屈原的"已矣哉！国无人兮，莫我知兮"；李白的"人生在世不称意，明朝散发弄扁舟"；伯牙的摔琴谢知音；东方朔的《答客难》，不也发出了因作品无人欣赏的不平之鸣吗？还有高启、徐渭、唐伯虎、郑板桥、金圣叹、伯夷、叔齐等，世间多少有才之士，因作品无人肯定，无人理解，而致腰斩、隐居、投江自尽的下场，不能不令人为之惋惜。

我们让大地山河、国家社会、经济财政、士农工商，都能成为我们的作品，我们自己也要是一块好的材料，可以制造成好的作品，贡献给大众，成为众人的作品。而自己不能制造作品，不如就将自己交付给别人制作吧！

作品是有价值的，是人人所爱惜的，是大家加以爱护的，我们为什么不成为一份作品呢？

改造

　　衣服不合身需要改造；用品不合规格，也需要改造；国家社团不合时宜，也需要改造；观念不正确，更需要改造，否则就无法生存了！

　　爱美的小姐，一再为自己塑身改造，改眉毛、改鼻子、改眼皮、改皮肤，总想要将自己改得更好、更美；立志的人，想将自己的懒惰、懈怠，改造成积极、进取；愚蠢、悭吝者，想将自己改变得能喜舍、有智慧；嫉妒、怨恨者，想改造得宽容、慈悲；自私、我慢者，想改造成服务、谦卑之人。

　　社会上，科学家忙着基因改造；农业学家忙着品种改造；政治人物极力于政体改造；教育学家着力于教育改造；所有的公众人物，也都非常注意自己的形象改造。总之，无论人和事，都是要经过不断地改造、不断地进步，才能有所成就。

　　有的人求命好、求运好、求升官发财、求平安健康、求事事如意，而求神问卜，希望获得帮助。其实，自我改造，比求神明帮忙更好；有的人希望求贵人相助，希望获得别人的提拔，其实，这些都不比自我改造，更能有实质的益处。

古德云："登天难，求人更难。"因此求命好，求运好，求意外的福德，不如求自我因缘果报的改造。历史上许多大恶之人，如王莽、秦桧、魏忠贤等，都是一味地愚昧，而不知自我改造，到后来，落得遗臭万年的结果。

人生最大的缺点，就是不肯改造，不肯改造，就是不肯面对自我，不愿进步。哪有人一生下来，就是伟人？就是圣贤呢？所以，不断地改造，才能让自己趋向更圆满的境界。

印度的阿育王，本来生性残忍好杀，人称他为"黑阿育"，后来他自我革命，信奉佛法，救济贫民、兴建医院、结集佛典，而成为"白阿育"；佛子罗睺罗，如果不改造喜欢说谎话的习惯，他哪能成为佛陀的十大弟子之一？玉耶女，如果不改变她贡高我慢的习性，如何成为人人称赞、孝亲尊翁的贤美媳妇？西晋的周处，横行乡里，为乡人所唾弃，他如果不痛改前非，立志好学，如何成为屡建奇功的名将？宋朝的寇准，也因改掉了游手好闲的习性，而中进士并成名于世。

人非圣贤，谁能无过；有过而改，善莫大焉。我们最大的缺点，就是自己为自己找理由，而不知改造。如果，能改造自私、执着、见不得别人好、坚持己见、逃避善言、懈怠、贪 等缺点，则何事不能办成呢？

三阳开泰

今天是中国人癸未年的春节，是羊年的初始。羊与阳同音，人们常以"三阳开泰"作为新年平安吉祥的祝贺词。

羊是乐群的动物，个性温柔安静，我们用"三羊开泰"来迎接新年是最恰当不过的。羊不但有羔羊跪乳的孝顺，而且具有对主人的忠心，即使主人不给它草料，它仍能不闹情绪地跟随饲主。羊的毅力比人更大，即使受饥寒、受虐待都能甘之如饴，甚至还能替人做"代罪羔羊"。

说到"三阳开泰"，本是《易经》里的卦名，是大地回春，万象更新，温暖人间之意；是要我们相互地提携，相互地包容，有能力的人要谦卑，有才华的人要内敛，甚至君子也要与小人交流，于潜移默化中，让小人改过迁善。

在中国字中，"善"与"美"的字义都是源自于"羊"。"美"便是由"羊"和"大"字组成，所以，洁白肥大的羊便是"美"；善的上面是"羊"，所以人们把羊，作为吉祥美好的象征，作为温和善良的动物。

在商代的卜辞中，"羊"与"祥"是相通的，所以"吉羊"即是"吉祥"，故在中国的民间艺术作品中，如剪纸、刺绣、篆刻、木雕以及邮票等，常会以羊为主题，寓示吉祥的意义。

羊对于人类是很有贡献的，如羊角可以当作武器；羊毛可以制成毛笔、毛衣、毛毡；羊乳是提供人类营养的食品；羊肉可以给人食用；羊皮做成船筏子，可以让人横渡长江、黄河。羊，是人类的朋友，它一生对人类的奉献，实为人之所不如也。

在姓氏中，也有以羊为姓者，如羊角哀与左伯桃的"羊左之谊"就是"生死之交"的友谊；亦有以复姓公羊者，如公羊高，其所作《春秋传》，亦称为《公羊传》。牛马狗羊都是家畜，人类总不愿被比作牛马狗，若是比作猛而有力的老虎，人们也必会抗拒不满。但是，如果是比作顺而柔和的羊，人们却能喜而受之。由此可见，人心需要的不是凶猛有力，需要的是祥和欢喜。

展望羊年，在个人要温柔和平，才能受人喜爱；展望大众，要能乐群尊重，才能共有共荣；展望社会，不要党同伐异，改虎的凶性为羊的柔性，则无有不圆满也。

"洋洋得意"这不是我们每个人心情的写照吗？"洋洋盈耳"这不是人际间和平的声音吗？"洋洋喜气"这不是人我之间欢喜的交心吗？"洋洋大观"这不是国家一片兴隆的景象吗？

所以，羊年是美好的一年，大家用善美的心，来迎接羊年吧！

善知识

　　善知识是叫人远离诸恶，奉行诸善的善友，是每个人生活在世间上，不能舍离的引导、不能缺少的老师。

　　人群之中有善知识，也有恶知识。善知识示人以道以德、以学以艺；恶知识只是叫人为非作歹、不务正业。谁是善知识？谁是恶知识？就要以慧眼去分辨了。

　　父母养育我们，是我们的善知识；师长教导我们，是我们的善知识；亲朋好友规劝我们，是我们的善知识；芳邻做我们安全的守护，也是我们的善知识；甚至于历史长流让我们明古鉴今，历史就是我们的善知识；现代的科技日新月异，不断改善人类的生活，帮助人类文化发展，科技就是我们的善知识；我们看到一本好书、听到一句好话、遇到一件好事，能给人欢喜、提升净化人类心灵的，都是我们的善知识；"溪声尽是广长舌，山色无非清净身"，自然界的一花、一草、朝阳、和风，乃至空气、雨露等，也都是我们学习的善知识，甚至佛教"苦、空、无常"的义理，更是无言的善知识。

《杂阿含经》里载，何等人能为远游善知识？何等人能为居家善知识？何等人能为通财善知识？何等人能为后世善知识？佛陀说：商人是我们远游的善知识，因为商人经常各处通商，知道何处有财富、哪里有风景，因此商人是我们远游的善知识；家庭里贞节贤良的妻子，是我们居家的善知识；同行的企业家和我们一起创办事业，是我们的通财的善知识；如果我们的心中有正见，有良好的观念，这个正见就是我们后世永恒的善知识。

"三人行必有我师"，既是我的老师，就是我的善知识；愚者也有一得，愚者的一得，也是我的善知识。至圣先师孔子说过："我不如老农。"因为孔子自认不会耕种，所以农夫是他的善知识，以此类推：我不会织布，会织布者就是我的善知识；我不会驾驶，驾驶的司机就是我的善知识。由此可知，只要能帮助我们人格提升、知识传授、义理教化的人、事、物，都是我们的善知识。

反之，世间上的善知识，给我们许多的因缘，帮助我们成就，我们又有些什么因缘，来供养善知识呢？我肯以谦虚来尊重他们吗？我肯以语言来赞美他们吗？我肯以服务来奉献他们吗？

如果要做好一个善知识，就得导人善路、广学多闻、具备正见、善于教授、给人鼓励，能做到这些，就是明白善知识之道了。

做人

常听人说："做人难，人难做，难做人。"做人真的是这样的困难吗？如果，你不把别人当人，别人也会不把你当人，当然就做人难；你看不起别人，别人也看不起你，你当然就觉得人难做了；你怕别人欺侮你，你却欺侮别人，当然就觉得人难做了；你怕别人轻视你，你却轻视别人，你当然觉得人难做了；你不喜欢别人疑忌你，可是你却常疑忌别人，当然就觉得人难做了；你怕别人打击你，你却常打击别人，在这样的情况之下，当然就觉得人难做了。

有的人目中无人，别人的心目中怎么会有你呢？你没有替人设想，没有体谅别人，别人当然也不会替你设想，更不会体谅你，届时你就要感叹，做人难了。做人应该要宽以待人、严以律己，如果你常宽以待己，严以律人，那当然就难做人了。

做人常被是非困扰，此也是是非，彼也是是非，是非让人们生活不得安宁。因此，如果我们能够不听是非、不说是非、不传是非、不怕是非、不记是非，这不就好做人了吗？

做人是"谦受益，满招损"，但是我们偏向"满受益"。做人需要低姿态，做事需要高水平，可是一些人，要求别人要高水平，而自己却凡事都得过且过，这就是不会做人了。

做人要注意三点：无求、无私、无欲。

因为人到无求品自高、人到无私功自大、人到无欲自然正，能够无求、无私、无欲不就很好做人了吗？

人要如何做人？委曲求全、识大体，就是做人；人要如何做人？谦虚忍让多学习，就是做人；人要如何做人？随喜功德莫嫉妒，就是做人；人要如何做人？广结善缘、布施欢喜，就是做人。

如何把人做好？应审度自己所长，补强自己不足，如汉朝匡衡的六戒：

一、聪慧睿智者，应戒免过分精细。

二、寡闻少见者，应戒免闭塞不明。

三、勇猛刚烈者，应戒免鲁莽粗暴。

四、温良仁爱者，应戒免优柔寡断。

五、耽于安舒者，应戒免坐失良机。

六、粗心大意者，应戒免遗忘漏失。

美好的人生是人创造的，罪恶的人生也是人造成的，佛教教人很多道理，如：守五戒、行十善、四无量心、六波罗蜜、八正道、广结善缘、以责人之心责己、以恕己之心恕人、学吃亏、立志、发心、立愿、"常乐柔和忍辱法，安住慈悲喜舍中"，这些都是做人的道理。

情感表达

　　人是感情的动物，一切生活起居，都在表达感情，且受情感所左右。人有时用喜怒哀乐表达感情；有时用悲欢离合表达感情；有时在是非得失中，表达感情；有时在生死存亡中，处理感情。

　　感情没有理智来领导，就如作茧自缚，这是错误表达感情的人生。

　　人不应该用眼泪来表达感情，不应该用吼声来表达感情，不应该用愤怒来表达感情，更不应该用嫉妒来表达感情。难道生气、不吃饭、心情不好、不讲话，就能够帮助自己解决问题吗？感情到了情绪化的时候，不但是别人不欢喜，自己也不好受。要如何将自己的感情表达得宜呢？这有六法贡献大家：

　　一、要坦诚。感情表达的方法，要讲清楚、说明白，只要自己的情感真诚，就能获得别人的谅解。

　　二、要净化。感情是染污性的，人心的自私、烦恼、怨恨、嫉妒都是由感情所引发出来的，假如能有净化的感情、升华的感情，以智慧来引导感情，让感情不受污染，生活就会不被情绪所左右了。

三、要理性。感情是一个盲者，只知一厢情愿地往前迈进，因而让自己跌进火坑中，都还不知道自己错在哪里。所以要以理性来驾驭感情，理性就如眼睛，感情的脚步，要由理性的眼睛来导行，才能安全。

四、要看开。感情，如眼睛里容不下一粒沙子，所以感情的世界，是非常狭窄的。世间的正义公理常被感情所蒙蔽，人们常常看不到世间的美好，所以要将感情的窗子打开，看看多彩多姿的人间。如果自己钻牛角尖，自我限定框框，就是自找麻烦，因为世界如此广阔，为何要只为某一事、某一人而烦恼呢？

五、要乐观。感情的生活里，大部分都是自怨自艾、自我悲叹的，当然，也有少数者有乐观的生活。既然，感情是有欢喜和伤感的，我们为什么不选择欢喜呢？欢喜才是美好的人生，才是有意义的生活，每天愁云惨雾的日子怎么好过呢？我们要能把乐观欢喜带给别人，不要把烦恼悲伤传染给别人，如此才会有快乐的感情生活。

六、要开发。感情就如土地，要开发了才能培植苗种。我们对父母的感情，要开发了才会孝顺；对儿女的感情，要开发了，才能发挥父爱母慈；对朋友的感情，要开发了才懂得奉献；对国家的感情，要开发了才能尽忠。

感情不要只爱一个，要爱天下的苍生。如佛陀所说，爱每一个人如爱自己的父母，这才是感情表达的最高境界与升华。

观点

　　世间上无论任何事情，各人有各自的看法，这就是"观点"。政治上的党派，互称同志，表示他们对思想、主义观点一致。同一家庭里，兄弟姊妹间的观点不同，势必分家；夫妇间的价值观念差异太多，也会酿成离异。

　　各人虽有不同的观点，只要相互包容、彼此尊重，在不同观点间取得共识，就会有圆满的结果。如医师为病人开刀，先有各部门的"会诊"，讨论不同的看法，最后取得一致的观点，才会为病人动手术。青年男女谈情说爱，不能只凭直觉上的喜欢，应该从不同的观点里、价值上找出共同的认知，才能有美满的婚姻。

　　其实，一个社会里，有各种不同的思想、不同的观点，才显得多彩多姿。春秋战国时期，就是学术思想不一、诸子辈出、百家争鸣的时代，此一时期，造成了中国历史上，观点不同、百花齐放的灿烂时期。

汉末三国时期，各种的计谋出世，如：美人计、连环计、空城计、败战计等，都是由于观点不同，各出奇招取得胜利；唐太宗的贞观之治，也由于接受各种观点，让各阶层有所发挥，才能成为盛世。

所以，观点不同并不可怕，观点的差异也不是不好，重要的是在不同观点里，异中求同。就如佛教尽管宗派林立、意见分歧，但都是以三法印、四圣谛为思想中心，依众生的根基而有不同的法门，所以观点不是愈多愈好吗？

观点就是观念，观念正确，凡事必定成功；观念错误，必会酿成灾祸。

秦始皇因"焚书坑儒"的错误观点，加速了灭亡；康熙"汉满一家亲"的作风，获得汉人的认同，为大清皇朝，奠下二百多年的江山；太平天国只信上帝，无法获得中国士大夫的认同，在观点上无法取得妥协，而让太平天国走上失败之途。还有，孙中山先生推翻清政府，创立民国，他提出"天下为公"的观点，让出开国大总统的地位，这样的气度，有谁能做到呢？

现代众说纷纭的人事中，有思想、有观点才可取，但是能有接受不同观点的雅量，是更重要的。

缴费

　　学生读书要缴学费，上补习班要缴补习费，停车要缴停车费，进入公园、参观风景区、看电影，都要买门票，买门票就是缴费。

　　"使用者付费"，这是很自然的道理，但在开发中的国家，都喜欢享受，不喜欢缴费，这种不劳而获的行为，是落伍的思想。一个能收费的观光区，必定是有它的可观之处，而且，其建造、维护、员工的薪资，也必定是所费不赀，如果人人不缴费，他们怎么维持下去呢？

　　万千人共同缴费于一个地方，必定能使这个地方，或事业机构，更好更美。如果人人不缴费，而让一个地方，无限量地提供资源让大众使用，则此团体必因入不敷出，而关门倒闭。所以缴费才能使公共的事业成长，缴费才能要求品质的提升。

　　在先进的国家，缴费是理所当然的，如听一场讲演、看一场表演、使用一个公共设施都要缴费；甚至成为某团体的会员，也要缴费。另外，如田地税、房屋税、土地税、印花税等，都是消费者付费的义务。

缴费是社会进步的关键，就如我们养植一盆花，希望能开得美丽，供人欣赏，我们就要对这盆花浇水施肥，这就是缴费；我们看海豚表演，因为观众有买门票，所以主持节目者，就会给海豚一条小鱼，这就是对海豚表演的缴费；你到天文台，用望远镜看天星，如果不缴费，天文台维护机器的费用从何而来。在中国台湾，一条高速公路，从南到北，要缴九次过路费；日本高速公路所缴的费用，比汽油要多，这都是因为"缴费"才能积少成多，让投资者继续经营；缴费，不但是维护现有的保养费，也是未来改进的发展基金。

其实给人一句好话、给人一个笑容、给人一个敬礼、给人一声谢谢、一个赞美，就是与对方交心，也就有缴费的含意。

我们对于公有的财富，像阳光、空气等，可以不缴费，但是如果使用社会的公共设备，以及私人所拥有的建设，都应该要缴费，如公园、美术馆、植物园、博物馆，都要缴费。甚至，你上教堂、寺院，添油香不也都是缴费吗？

缴费，是因为经营者支出庞大，付费者心甘情愿，所以缴费是天经地义的事。"天下没有白吃的午餐"，缴费制度，必定被未来时代所取用，将缴费当成是小小的布施，这也不失为一个现代人应有的好观念。

附录：
星云大师佛学著作

中文繁体版

《释迦牟尼佛传》

《十大弟子传》

《玉琳国师》

《无声息的歌唱》

《海天游踪》

《佛光菜根谭》

《佛光祈愿文》

《合掌人生》

《星云法语》

《星云说偈》

《星云禅话》

《觉世论丛》

《金刚经讲话》

《六祖坛经讲话》

《八大人觉经十讲》

《观世音菩萨普门品讲话》

《人间佛教论文集》

《人间佛教语录》

《人间佛教序文书信选》

《人间佛教当代问题座谈会》

《当代人心思潮》

《人间佛教戒定慧》

《迷悟之间》(全十二册)

《人间佛教系列》(全十册)

《佛光教科书》(全十二册)

《佛教丛书》(全十册)

《往事百语》(全六册)

《星云日记》(全四十四册)

中文简体版

《迷悟之间》(全十二册)

《释迦牟尼佛传》

《在入世与出世之间——星云大师佛教文集》

《宽心》

《舍得》

《举重若轻·星云大师谈人生》

《风轻云淡·星云大师谈禅净》

《心领神悟·星云大师谈佛学》

《不如归去》

《低调才好》

《一点就好》

《快不得》

《人生的阶梯》

《舍得的艺术》

《宽容的价值》

《苹果上的肖像》

《学历与学力》

《一是多少》

《三八二十三》

《未来的男女》

《爱语的力量》

《修剪生命的荒芜》

《留一只眼睛看自己》

《定不在境》

《禅师的米粒》

《点亮心灯的善缘》

《如何安住身心》

《另类的财富》

《人间佛教书系》(全八册)

《佛陀真言——星云大师谈当代问题》(全三册)

《金刚经讲话》

《六祖坛经讲话》

《星云大师谈幸福》

《星云大师谈智慧》

《星云大师谈读书》

《星云大师谈处世》

《往事百语》(全三册)

《佛学教科书》

《星云法语》

《星云说偈》

《星云禅话》

《包容的智慧》

《佛光菜根谭》